LES

SOURDS-MUETS

EN FRANCE ET EN ALLEMAGNE.

LES

SOURDS-MUETS

EN FRANCE ET EN ALLEMAGNE,

PAR

M. MARTIN ETCHEVERRY,

DIRECTEUR DE L'INSTITUTION NATIONALE DES SOURDS-MUETS
DE PARIS.

PARIS,

BOUCQUIN, IMPRIMEUR DE L'INSTITUTION NATIONALE DES SOURDS-MUETS,

RUE DE LA SAINTE-CHAPELLE, 5.

1876.

INTRODUCTION

Des sociétés de bienfaisance sont organisées en Allemagne, en Autriche et en Suisse, pour venir en aide aux familles incapables de subvenir aux frais d'éducation des enfants sourds-muets.

Des délégués du conseil de chacune de ces sociétés forment un comité chargé d'étudier les questions qui ont pour objet le perfectionnement des procédés d'instruction, et de confier ultérieurement à une assemblée spéciale, qui prend le titre de conférence ou de congrès, la mission de délibérer sur les diverses propositions qu'il soumet à son jugement.

Aux conférences qui ont eu lieu durant plusieurs années ont succédé des congrès dont le 3ᵉ a été tenu à Dresde, à la fin du mois d'août de l'année 1875. Les questions à l'ordre du jour, les opinions émises par plusieurs orateurs, et les décisions de l'assemblée, intéressent les personnes qui, par leur fonction, leur charité ou leurs études, s'occupent de l'éducation des sourds-muets.

C'est pour satisfaire la curiosité de leur dévouement, que ce livre présente la traduction du compte-rendu, *in extenso*, des séances du congrès, publié par la revue *Hephata* (1), dans son numéro d'octobre 1875.

Les savants n'auraient qu'à jeter un coup d'œil sur ce document pour en apprécier l'importance ; mais il n'en serait pas de même pour les personnes qui n'interviennent dans l'éducation des sourds-muets que par des actes de leur générosité. Ne connaissant ni l'état moral de ces infortunés ni les procédés à l'aide desquels il est possible de les instruire, elles écoutent volontiers le bruit que l'on fait quelquefois pour annoncer des inventions, vieilles comme un fait de l'histoire ancienne.

Voilà pourquoi les pages qui précèdent le procès-verbal des séances du congrès exposent sommairement la différence des méthodes d'enseignement. Elles résument souvent des observations déjà faites par des hommes expérimentés ; quelquefois aussi elles contiennent des réflexions qui auront peut-être la bonne fortune d'arriver devant le lecteur au moment même où, par une déduction logique, des idées semblables venaient d'éclairer soudain son esprit bienveillant.

---

(1) *Hephata* ou *Ephphetha*, expression hébraïque qui signifie : Ouvrez-vous !

. . . . . On amena un sourd-muet ; Jésus lui mit ses doigts dans les oreilles et de la salive sur la langue ; et, levant les yeux au ciel, il gémit et lui dit : *Ephpheta*, c'est-à-dire, Ouvrez-vous ! (SAINT MARC, ch. VII, v. 32, 33 et 34).

LES

SOURDS-MUETS

EN FRANCE ET EN ALLEMAGNE

I.

Le Sourd-Muet. — Son éducation.

Le sourd-muet vient au monde avec toutes les aspirations de l'existence ; mais le défaut absolu de l'ouïe et, par suite, de la parole, entrave le développement de ses facultés intellectuelles. Aux yeux de quelques familles, cette infirmité était autrefois un signe de la colère du ciel ; c'est pourquoi cette créature humaine, que la philosophie et la religion déclaraient dépourvue de conscience, était séquestrée dans un cloître ou dans une pension inconnue (1).

(1) Ces pauvres enfants attendaient la mort dans ces refuges. — La barbarie de quelques parents ne s'est pas exclusivement attachée aux sourds-muets : il a existé aux environs de Londres, de Manchester et de Glascow, une industrie appelée *Baby farming* qui, moyennant salaire, se chargeait de faire mourir les enfants dans un temps déterminé ; en France, des *Nourrices sèches* ou gardiennes d'enfants ont exercé l'industrie du *Baby farming*.

En des temps moins éloignés de nous, quelques faits protestèrent contre la rigueur de tels arrêts : des efforts furent entrepris pour instruire ces victimes d'une fatalité naturelle. Ce mouvement de la civilisation, commencé en Espagne, suivi en Angleterre, en Hollande et en Allemagne, atteignit le but en France au XVIIIe siècle ; on se sentit attiré vers ce grand problème de l'éducation des sourds-muets, lorsque l'Académie des sciences, en 1749 et en 1751, accueillit avec intérêt les résultats obtenus par un instituteur portugais nommé Péreire, dont les élèves venaient de répondre, verbalement ou par écrit, aux questions qui leur avaient été adressées. Malheureusement, Péreire ne fit point connaître ses procédés d'instruction.

A la même époque, un religieux de la doctrine chrétienne, le P. Vanin, préparait quelques sourds-muets à l'acte de la première communion. Il mourut en 1755, laissant incomplète l'instruction de deux sourdes-muettes. Le chagrin de leur mère fut connu d'un prêtre, qui offrit d'essayer de mener à bonne fin l'œuvre inachevée.

Cet ecclésiastique se nommait l'abbé de l'Epée. Natif de Versailles, attaché au diocèse de Troyes, il s'était retiré à Paris à la mort de l'évêque. Il était âgé de 43 ans, et s'adonnait exclusivement à l'étude, lorsque les deux sourdes-muettes lui furent présentées.

Il commença ses leçons ; mais les procédés du P. Vanin lui parurent insuffisants : comment arriverait-il à combler les lacunes ? Il reconnut que les mots d'une langue n'ont qu'un lien conventionnel avec les idées qu'ils représentent, et il se dit : Puisque les signes du sourd-muet forment un langage, et que ce langage est sa langue maternelle, je dois développer ce langage et l'employer comme moyen de communication dans l'enseignement.

Il fit ainsi : il créa une méthode fondée sur une idée aussi belle que nouvelle ; bientôt il lui fut possible de former des professeurs allemands, anglais, italiens et hollandais, et c'est de lui que date dans le monde entier la fondation d'instituts publics de sourds-muets.

Il se dévoua à l'émancipation de ces infortunés, luttant sans cesse contre le préjugé et l'indifférence ; il fut le sauveur des sourds-muets de toutes les classes, principalement de la classe pauvre, et leur sacrifia tout, jusqu'à sa fortune.

Néanmoins, qu'on se représente un domaine immense dans lequel des hommes intelligents sont admis pour y acquérir les aptitudes d'un bon cultivateur ; ils se mettent à l'ouvrage : au bout de quelques années, ils proposent et font admettre des procédés de culture dont les résultats répandront probablement aux alentours un plus grand bien-être.

On ne saurait supposer que ces agronomes auront un jour la pensée de déprécier les premiers essais, de méconnaître la science des premières combinaisons de celui qui fut leur maître.

C'est pourtant de la sorte qu'on agit quelquefois à

l'égard des travaux de l'abbé de l'Epée, un saint Vincent de Paul au service des sourds-muets, dit-on, mais au demeurant instituteur médiocre.

Les fragments qui suivent feront connaître son œuvre.

II.

Le Livre de l'abbé de l'Épée.

(Extraits.)

Premiers Travaux.

« ..... Ne m'étant occupé jusqu'alors que de matières théologiques, j'entrais dans une carrière qui m'était absolument inconnue.....

» Il s'agissait de conduire les élèves à l'intelligence des mots. Les signes les plus simples, qui ne consistent qu'à montrer avec la main les choses dont on écrit les noms, suffisaient pour commencer l'ouvrage ; mais ils ne mènent pas loin, parce que les objets ne sont pas toujours sous nos yeux, et qu'il y en a beaucoup qui ne peuvent être aperçus par nos sens. Il me parut donc qu'une méthode de signes combinés devait être la voie la plus commode et la plus sûre, parce qu'elle pourrait également s'appliquer aux choses absentes ou présentes, dépendantes ou indépendantes des sens.—Ça été, en effet, la route que j'ai prise.

la Dactylologie.

» Tout alphabet manuel n'est autre chose qu'une écriture de convention qui annonce à celui aux yeux duquel on présente tel ou tel mouvement des mains ou des doigts que c'est un *a*, ou un *b*, ou un *c*, ou un *d*, etc., qu'il doit écrire.

» C'est une écriture en l'air qui indique celle qu'on doit tracer avec le crayon ou la plume, sur le tableau ou sur le papier.

» Ce moyen, considéré en lui-même, ne présente aucune idée, absolument aucune. Après avoir enseigné à un sourd-muet l'alphabet manuel, si on écrit sur le tableau ces deux mots : *la tête*, ou si on les lui représente par la dactylologie, il n'y attachera pas plus d'idée qu'il n'en joindrait à ceux-ci : *der kopff* ou *the head*, qui désignent cette partie du corps en allemand et en anglais, à moins qu'on ne lui montre en même temps sa tête et celle de quelques autres personnes.'

» ..... Les objets ne sont pas toujours présents, et, dans ce cas, comment les désigner ? Si un dactylologiste veut parler de *tapisserie* à un de ses disoiples, dans une chambre où il n'y en a point, il lui dictera par l'alphabet manuel un *t*, un *a*, un *p*, un *i*, un *s*, etc. Le disciple écrira sans doute ce mot, ou le prononcera si l'on veut ; il écrirait de même et prononcerait du grec ou de l'arabe ; mais comment saura-t-on s'il a saisi le sens de la chose dont nous avons l'idée, en l'écrivant ou la prononçant, surtout si, après avoir écrit le mot, il demeure immobile comme un terme.

» Au contraire, si je fais le signe de quelque chose qu'on applique sur un mur, et qu'on y attache avec des clous, en haut, en bas et des deux côtés, et si mon sourd-muet écrit ce mot sans que je lui en dicte une seule lettre, pourra-t-on douter qu'il ne joigne à ce mot la même idée que nous y attachons?

DU LANGAGE DES SIGNES.

» Tout sourd-muet qu'on nous adresse a déjà un langage qui lui est familier, et ce langage est d'autant plus expressif que c'est celui de la nature même. Le sourd-muet a contracté une grande habitude de s'en servir pour se faire comprendre des personnes avec lesquelles il demeure, et il comprend lui-même tous ceux qui en font usage. Il manifeste ses besoins, ses désirs, ses inclinations, ses doutes, ses inquiétudes, ses craintes, ses douleurs..... et il ne se trompe pas lorsque les autres expriment de pareils sentiments.

» Ce sont les différentes impressions qu'il a éprouvées au dedans de lui-même qui lui ont fourni ce langage, sans le secours de l'art. Or, ce langage est le langage des signes.

» L'allemand qui ne sait que sa langue restera toujours sourd et muet jusqu'à ce qu'il trouve un autre allemand avec lequel il puisse converser.

» Il en sera de même du sourd-muet dactylologique, il sera toujours le triste et lugubre personnage sourd-muet, jusqu'à ce qu'il rencontre un autre dactylologiste.

» Nos sourds-muets, au contraire, sont tous très-gais,

parce que leurs oreilles tiennent à la prunelle de leurs yeux; parce qu'ils comprennent par ce moyen de qui ou de quoi l'on parle..., nonobstant un certain nombre d'expressions qui peuvent quelquefois leur échapper, comme nous savons nous-mêmes de quoi parle un prédicateur..., lors même que son genre de prononciation ou la trop grande distance qui nous sépare de lui, nous font perdre un certain nombre de ses paroles.

» On veut donc instruire le sourd-muet, et, pour arriver à ce but, il s'agit de lui apprendre la langue française. Quelle sera la méthode la plus courte et la plus facile? Ne sera-ce pas celle qui s'exprimera dans la lengue à laquelle il est accoutumé et dans laquelle on peut dire même que la nécessité l'a rendu expert? Ce candidat, sans s'en douter aucunement, compose tous les jours des verbes, des noms substantifs ou adjectifs, des pronoms, des nombres, des temps, des verbes, des adverbes, des prépositions, des conjonctions et (plus souvent que nous) des interjections, comme font à tout moment ceux qui ne savent leur langue que par routine. En adoptant sa langue et en l'astreignant aux règles d'une méthode, ne pourra-t-on pas facilement le conduire partout où l'on voudra? — C'est, en effet, la route que nous suivons.

» A quatre idées doivent nécessairement correspondre quatre signes. — Il faut émietter le pain qu'on donne aux petits oiseaux, de peur qu'il ne les étrangle au lieu de les nourrir. — Les sourds-muets que nous instruisons seraient bien à plaindre si notre art ne consistait qu'à remuer des mains et à faire des gestes. Nous ne laissons passer aucun mot sans l'expliquer, et (ceci soit dit en parenthèses) il serait à désirer qu'on fît la même chose pour l'éducation des enfants qui entendent et parlent.

» Nos signes, soit généraux, soit particuliers, sont signes d'idées et non signes de mots; ils n'ont pas plus de rapport avec le *français* qu'avec toute autre langue. Il arrive souvent qu'un jeune monsieur espagnol, après m'avoir vu exprimer une idée par tel ou tel signe, me dit qu'il peut bien rendre cette idée dans sa langue, mais qu'il ne pourrait pas le faire dans la nôtre, parce qu'il ne connaît pas le terme qui est d'usage parmi nous pour l'exprimer. Il n'est donc pas traducteur d'un mot, mais traducteur d'un signe. Il en est de même de l'*italien*, de l'*allemand* et de l'*anglais*; il n'est pas nécessaire qu'aucun d'eux sache le *français* pour écrire sous ma dictée des signes; il suffit qu'ils saisissent et rendent dans leur langue les signes d'idées qui n'appartiennent particulièrement à aucune langue, mais que chaque langue peut exprimer de la manière qui lui est propre.

» Ceci deviendra encore plus sensible en supposant que je suis curé ou seigneur de paroisse, à une lieue d'un champ de bataille, et qu'après une action très-sanglante, cinq officiers de différentes nations arrivent chez moi accablés de fatigue et couverts de poussière et de sueur. Ils ne s'entendent pas réciproquement l'un l'autre; et moi, qui suis français, et qui ne connais que ma langue et la latine, je ne comprends aucun d'eux comme aucun d'eux ne me comprend. Cependant, je leur tends les bras, je les reçois, et, avec toutes sortes de témoignages d'empressement, je les fais entrer dans ma salle à manger. Aussitôt, joignant au signe naturel de compassion les signes pareillement naturels de poussière, de sueur et de fatigue, je porte ma main à ma bouche en faisant le signe d'un homme qui boit, et, par un autre signe plus aisé à comprendre qu'à décrire, je leur demande s'ils veulent accepter des rafraîchissements, et même je les en supplie. Aucun d'eux n'est sourd à ce langage; ils l'entendent, y répondent et ajoutent même un signe d'action de grâces. Je les entends aussi, et cependant ils ne traduisent pas, ni moi non plus.

» Après les avoir servis ou fait servir, je fais avec ma main droite le signe d'un homme qui coupe ou qui tranche quelque chose qu'il tient à sa main gauche, ensuite le signe de manger : ils comprennent que je leur offre du pain, et leur simple inclination de tête m'annonce qu'ils en recevront volontiers. Mais, sur-le-champ, tirant avec ma main droite la peau qui est sur le revers de ma main gauche, je fais encore le signe de couper et de trancher, pour leur faire entendre que j'ai aussi de la viande, et que s'ils en veulent, elle est pareillement à leur service. Ils l'acceptent ou la refusent, selon que leur devoir leur permet de s'arrêter ou les oblige de passer outre.

» Pendant qu'ils reprennent leurs forces, je leur demandé par signes si l'action a été bien meurtrière? Ils lèvent les mains au ciel et me font le signe naturel de beaucoup. M'apercevant alors qu'une des cornes du chapeau de l'un d'entre eux est percée, je fais le signe naturel d'un coup de fusil, et je lui demande si c'est un coup semblable qui a fait ce trou? Sur sa réponse affirmative, je l'embrasse et le serre de toutes mes forces pour le féliciter de ce que la balle n'a point porté quelques pouces plus près de sa tête. Je témoigne également ma joie aux quatre autres de ce qu'ils ont échappé au danger qui a fait périr tant de monde. Nous nous entendons tous comme si nous étions de la même nation, comme si nous parlions la même langue.

» Si mes hôtes peuvent faire chez moi un séjour de quelques heures, après qu'ils ont pris une réfection proportionnée à leur besoin, je leur fais deux signes naturels, dont l'un signifie *se coucher*, et l'autre *dormir*, et je leur fais entendre qu'en montant au premier étage, ils y trouvront des lits que j'aurai bientôt fait couvrir. Mais, qu'ils l'acceptent ou qu'ils le refusent, arrive le moment de courir où le devoir les appelle. Nous nous séparons donc au milieu de nouvelles offres de service de ma part, et des actions de grâces les plus sensibles de la leur.—Il n'y a point eu dans tout ceci de traduction ni de leur côté ni du mien, et comment aurions-nous pu en faire, puisque nous n'entendions pas la langue les uns des autres?

» La langue des signes, assujettie à des règles fixes et

invariables, sert aux sourds-muets d'introduction à toute langue qu'on veut leur apprendre, et leur ouvre le même champ qu'à nous pour acquérir toutes sortes de connaissances. Il importe peu par quelle langue on commence : les langues s'apprennent toutes de la même manière, et leur mère commune converse avec tous ses enfants, qui l'entendent tous, quoiqu'ils ne s'entendent pas réciproquement l'un l'autre.

» Il est aisé de comprendre qu'en me montrant moi-même avec le bout de mon doigt sur ma poitrine, ce qui, en français, s'exprime par *je*, et faisant aussitôt deux signes dont l'un exprime l'action de manger, et l'autre annonce que cette action est présente, un sourd-muet français écrira *je mange*, un italien, *mangio*, un espagnol, *como*, un allemand, *ich esse*, un anglais, *i eat*, etc... Et qu'on ne s'imagine pas que cette facilité ne puisse avoir lieu qu'à l'égard des objets extérieurs soumis à nos sens. Les idées qui en sont indépendantes se peignent aussi par nos signes et demeurent ensuite sous les yeux par le moyen de l'écriture. — Voici la marche :

» Je regarde avec attention les différentes cases de ma bibliothèque, les figures et les globes placés au-dessus de la tablette supérieure, et j'y fixe pareillement l'attention de mes sourds-muets. Ensuite, fermant les yeux et ne voyant plus extérieurement aucun de ces objets, j'en retrace cependant la hauteur et la largeur, les différentes figures et leurs positions, comme si je les voyais encore.

Je fais observer plusieurs fois de suite que ce ne sont plus les yeux de mon corps qui les aperçoivent, mais que je les vois comme s'il y avait au milieu de mon front deux ouvertures par lesquelles ces objets viendraient se peindre dans ma tête, mes yeux étant fermés. — Voilà ce que j'appelle *voir par les yeux de l'esprit*, et il n'est aucun sourd-muet qui n'en fasse sur-le-champ l'épreuve au-dedans de lui-même.

» C'est dans Paris et chez moi que je donne mes leçons, mais je me transporte en esprit à Versailles, où les plus anciennes de mes sourdes-muettes ont passé huit jours de suite. Elles y sont aussitôt que moi et se rappellent... le séjour qu'elles y ont fait. Je monte en esprit au château, et je retrace, autant que je le puis, le grand escalier et les premiers appartements. Aussitôt les sourdes-muettes continuent le tableau, mais surtout celui de la galerie... Nous descendons ensuite en esprit dans le parc..., etc... Je leur fais observer que ce ne sont plus les yeux de leur corps qui voient ces différents objets ; le corps n'a point changé de place ; c'est aux yeux de leur esprit que les objets sont présents, et je leur dis que la peinture intérieure de ces objets est ce que nous appelons *idée* ou *représentation d'un objet dans l'esprit*. Vous avez maintenant dans l'esprit, leur dis-je encore, l'idée du château de Versailles, l'idée des appartements, etc. Toutes ces choses sont matérielles et sensibles, vous les avez vues de vos yeux, vous pouvez les toucher de vos mains... Ce qui vous les représente maintenant au-dedans de vous-même est ce que nous appelons *imagination.*

» Votre esprit se promène dans les jardins de Versailles... pendant que votre corps est assis sur un siége ou qu'il marche dans les rues de Paris; voilà ce qui s'appelle *penser.* Vous dites en vous-même que le parc de Versailles est beau : voilà ce que nous appelons un *jugement.* Je vous demande si vous voulez retourner à Versailles; vous me répondez que vous le voulez bien, pourvu que j'y aille aussi moi-même. Je vous demande pourquoi? C'est, répondez-vous, parce qu'il n'y a personne à Versailles qui instruise les sourds-muets; voilà ce que nous appelons un *raisonnement.*

» La pensée et l'amour ne sont pas une même chose; vous pensez quelquefois à des choses que vous n'aimez pas, et, qu'au contraire, vous haïssez. Ce qui pense au-dedans de nous-même s'appelle notre *esprit;* ce qui aime s'appelle notre *cœur;* et la réunion de l'un et de l'autre s'appelle notre *âme.* Vous avez donc un corps et une âme, un corps qui mange, qui boit, qui dort, qui marche, qui se repose; et une âme qui pense, qui juge, qui raisonne, qui aime et qui hait. Votre âme ne peut manger ni boire; votre corps ne peut ni penser, ni juger.

» Dès que la distinction de l'âme d'avec le corps est clairement établie, après avoir eu quelque peine à digérer la grande ressemblance qu'il y a entre notre corps et celui des bêtes, entre leurs opérations corporelles et les nôtres, l'âme des sourds-muets, duement avertie de sa supériorité et de sa noblesse, ne demande plus qu'à nous suivre partout où nous voudrons la conduire. Il ne s'agit plus que de leur parler clairement en suivant la méthode des géomètres, c'est-à-dire en passant d'une vérité clairement connue à une autre qui ne l'était pas encore, mais qui en est une suite nécessaire. Ils voient de leurs yeux qu'une maison ne se bâtit pas toute seule, qu'une montre ne se fait point elle-même... Lorsque nous leur montrons sur une sphère les mouvements périodiques de la terre et des planètes autour du soleil, leur âme s'étend et s'élève avec des sentiments de joie et d'admiration que toutes nos expressions ne peuvent rendre. Bientôt leur surprise tient de l'extase lorsque, montant jusqu'aux étoiles fixes, nous leur annonçons quelle est leur distance de la terre et leur éloignement des unes et des autres... Ils conçoivent qu'une machine aussi prodigieusement immense et qui renferme tant de beautés... est nécessairement l'ouvrage d'un esprit infini et d'une puissance qui n'a point de bornes. Ils voient et comprennent l'usage que les artisans font de leurs outils pour la fabrication de leurs ouvrages, mais il n'est pas nécessaire de leur dire qu'il a été impossible d'en employer aucun pour la fabrication de l'univers...

» Il est temps de leur annoncer que celui dont les ouvrages les transportent d'étonnement est le Dieu devant lequel nous nous prosternons, que c'est un esprit éternel, indépendant, infini, présent partout, qui voit tout, qui peut tout, qui a créé toutes choses et les gouverne toutes.

» Il ne s'agit point ici de courir à grands pas... — Vous n'avez pas toujours été dans ce monde, disons-nous aux sourds-muets ; vous n'existiez pas, il y a trente ans ; vous êtes venus au monde comme tous les enfants dont vous apprenez tous les jours la naissance.

» Votre père était avant vous.

» Votre grand-père était plus ancien.

» Votre bisaïeul et votre trisaïeul l'étaient encore davantage.

» Chacun d'eux a eu un commencement.

» C'est Dieu qui les a formés dans le sein de leurs mères, et alors ils ont commencé d'exister.

» Il en a été de même de tous les autres hommes qui sont nés ou qui sont morts depuis le commencement du monde. Mais celui qui forme tous les autres n'a pu être formé par aucun autre qui fût plus ancien que lui. Il n'a donc pas eu de commencement.

» Vos pères et grands-pères sont morts ; vous mourrez aussi quand il plaira à Dieu. On a mis leur corps dans la terre lorsque leur âme s'en est séparée ; on y mettra aussi le vôtre. Mais Dieu ne mourra point ; il n'aura jamais de fin. Il a toujours été et il sera toujours : voilà ce que signifie le mot *éternel*.

» Il ne s'agit point de faire des démonstrations philosophiques ou théologiques ; il est uniquement question de se faire entendre, et on y réussit par cette simplicité. »

AUX THÉOLOGIENS.

« Quelques théologiens, d'ailleurs respectables, prononcent d'un ton grave et décisif que la foi venant de ce qu'on a entendu, selon ces paroles de l'apôtre : *fides ex auditu,* il est impossible d'en faire entrer les vérités saintes dans l'esprit et le cœur de pauvres enfants dont les oreilles ont été fermées dès leur naissance.

» Supposons donc un infidèle renfermé par des ordres supérieurs et totalement séquestré du commerce avec le reste des hommes, mais auquel on pourrait faire tenir quelques écrits par un moyen semblable à celui dont il est parlé dans les *Commentaires de Jules César* (une lettre attachée à une flèche). Ces messieurs se croiront-ils hors d'état de l'instruire par ce moyen, et prononceront-ils, en dernier ressort que, même avec le secours de la grâce, il ne pourra sans miracle entendre et goûter les motifs de crédibilité de notre religion, et captiver ensuite son entendement sous le joug des vérités saintes qu'elle enseigne ?

» Ecoutons un célèbre docteur, que nous regardons tous comme un profond théologien et un des plus habiles commentateurs des divines écritures (c'est d'Estius dont je parle). Voici comment il s'exprime sur ce texte de saint Paul :

« La lecture des vérités saintes de notre religion, qui
» se fait par le secours des yeux, est comprise dans ces
» paroles de l'apôtre *ex auditu;* car, s'il est vrai que le plus

» grand nombre de ceux qui se sont convertis à la foi » n'en ont appris les vérités saintes que par le canal des » ministres qui les leur ont prêchées, on ne peut disconvenir non plus qu'il n'y en ait beaucoup auxquels ces » vérités saintes ont été transmises par la lecture. Les » saints évangiles ont été écrits afin qu'en les lisant on » crût les vérités saintes qu'ils renferment : *Ces choses ont* » *été écrites*, dit l'apôtre saint Jean dans son évangile » (ch. XX, v. 31), afin que vous croyiez que Jésus est le » fils de Dieu, et qu'en croyant, vous ayiez la vie » éternelle. »

» Nous ne dissimulerons point qu'Estius ajoute sur-le-champ qu'à l'égard des sourds de naissance, saint Augustin a pensé que leur situation même formait un obstacle invincible à la réception de la foi, *quod vitium ipsum impedit fidem.* Mais la raison qu'il en donne, bien loin de nous être contraire, se tourne en preuve de la vérité que nous soutenons ; c'est, dit-il, parce que le sourd de naissance, ne pouvant apprendre à connaître les lettres, il lui est impossible de recevoir la foi par le moyen de la lecture. *Num surdus natus litteras, quibus lectis fidem concipiat, discere non potest.*

» Estius ne savait pas et saint Augustin lui-même n'avait point conjecturé qu'on pût apprendre en moins de deux heures les 24 lettres de l'alphabet à un sourd-muet intelligent, et, sur-le-champ même, lui en faire faire usage pour discerner les noms des choses principales qui nous environnent de plus près, et ne point confondre ces noms les uns avec les autres...... Ils ne se figuraient point qu'on pût employer avec les sourds-muets trois sortes de langage: celui des signes, celui de l'écriture, le langage même de vive voix, en leur apprenant à distinguer par le mouvement de la langue, des lèvres, des joues, etc., les paroles qu'on leur adresse. Ce dernier langage paraîtra peut-être incroyable à plusieurs personnes, mais il est certain que de temps en temps nous dictons nos leçons de vive voix et sans faire aucun signe. L'opération est tant soit peu plus longue, et c'est ce qui nous empêche d'en faire un usage ordinaire ; en quoi je conviens tout simplement que nous pouvons avoir tort. »

AUX PHILOSOPHES.

« .... Fortement prévenus de ce principe qu'il n'est rien dans notre esprit qui n'y soit entré par nos sens, quelques philosophes regardent comme impossible l'instruction des sourds-muets, parce qu'ils sont dénués du secours de l'entendement extérieur. — N'avons-nous donc qu'un seul sens ? Ou le défaut de l'un ne peut-il être suppléé par le ministère d'un autre ?

» Commençons par un axiôme que nous avons appris avec les premiers éléments de la logique : *Ab actu ad posse valet consecutio,* on ne peut regarder comme impossible ce qui est réellement exécuté...... C'est par les oreilles que nous avons été instruits, et les sons articulés ont servi de véhicule aux connaissances qu'on a fait entrer dans nos esprits. Or, les idées n'ont pas plus de liaison naturelle avec des sons articulés qu'avec des caractères tracés par écrit. Ces deux moyens sont incapables par eux-mêmes de nous en fournir aucune. Il faut nécessairement qu'un genre d'expressions primitives et communes à tout le genre humain leur donne de l'activité. En vain répéterait-on cent et cent fois à un enfant les noms de *porte*, de *fenêtre* et de *cheminée*, il n'attacherait aucune idée à ces expressions et ne saurait jamais ce dont on parle, si on ne regardait pas en même temps ces objets, ou si quelque signe ne fixait sur eux son attention.

» Le signe des yeux ou de la main est donc le premier langage qui lui fait comprendre ce que ces sons articulés signifient dans l'intention de ceux qui les prononcent, et toutes les fois qu'on lui répétera dans la suite ces mêmes mots, ils ne feront que rappeler à son esprit ce qu'ils n'étaient pas capables d'y faire entrer en première instance.

» Il en est de même par rapport à l'instruction des sourds-muets. Ce serait en vain que nous présenterions à leurs yeux, sur des cartes différentes, les trois noms que nous avons donnés pour exemple, si le signe des yeux ou de la main ne leur annonçait ce que nous prétendons désigner par ces différents caractères. Mais s'ils ont fixé leurs yeux sur ces objets, et si nous leur avons fait remarquer à diverses reprises les différents caractères que nous avons tracés par écrit, ces mêmes caractères, toutes les fois qu'ils se présenteront à leurs yeux, dans le même ordre, rappelleront à leur esprit ce dont nous voulons les entretenir. Ils deviendront entre eux et nous un moyen de communication réciproque de nos idées, plus embarrassant par la longueur de l'opération, mais aussi certain que le peuvent être les sons articulés entre des personnes qui parlent.

» On demandera peut-être comment il est possible de faire entrer dans l'esprit des sourds-muets cette multitude de connaissances qu'une conversation des plus ordinaires suppose nécessairement. Comment? Elles sont entrées dans nos esprits par nos oreilles, mais chacun des termes qui concourt à les exprimer a été précédé dans son principe par quelque signe extérieur qui en fixait le sens. Elles entreront également dans l'esprit des sourds-muets par leurs yeux, parce que chacun des termes qu'on trace par écrit pour les exprimer a été précédé dans son principe par quelque signe extérieur, qui leur en apprenait la signification.

» Tous les mots d'une langue sont-ils donc susceptibles d'être exprimés par des signes? Oui, sans doute, et si cela n'était pas, leur signification ne serait jamais entrée dans nos esprits par nos oreilles. Il a fallu, dans l'origine, qu'on nous apprît la convention faite entre les hommes de tel ou tel pays, de se servir de tel ou tel mot pour exprimer telle ou telle chose qu'on nous indiquait. Ces mots étaient absolument incapables de nous fournir aucune idée puisqu'ils n'avaient de liaison naturelle avec aucune.

» Ne cherchons point à nous faire valoir mal-à-propos, et n'ayant rien à gagner ni à perdre dans l'idée vraie ou fausse que chacun se forme de nos opérations, exposons tout simplement de quelle manière les choses se sont passées. C'est à la nécessité seule et non à de profondes réflexions que nous sommes redevables de la combinaison de notre méthode. Nous n'en avons ni formé ni même entrevu l'ensemble dans le temps de nos premières leçons. Voguant alors à l'aventure, sans rames et sans voile, nous avancions très-peu en faisant beaucoup de chemin.

» Le besoin nous a rendu industrieux; et comme il se faisait sentir à chaque pas, il excitait sans cesse l'imagination, non-seulement à saisir les signes les plus naturels que nous présentaient les choses mêmes qu'il fallait entendre, mais encore à trouver avec le secours de l'analyse plusieurs signes pareillement naturels, dont les uns devaient s'enchâsser dans les autres en un seul instant pour rendre toute la valeur d'un mot qui, renfermant des idées compliquées, ne pouvait s'exprimer par un seul signe. C'était en quoi consistait la difficulté, comme aussi lorsqu'il fallait désigner clairement la différence réelle qui se trouve entre des synonymes.... Avec des signes purement arbitraires nous n'aurions jamais pu nous faire entendre; d'ailleurs nos sourds-muets ne les auraient pas retenus, et nous nous y serions trompé nous-même à chaque instant; il n'en est pas ainsi de la nature : on ne l'oublie point, et il est impossible de s'y méprendre.

» Il ne s'agit donc plus de se demander à soi-même si, pour parvenir à me faire entendre, il a dû m'en coûter peu ou beaucoup de travail : on se tromperait certainement dans l'examen de cette question vraiment superflue. — C'est à l'essentiel qu'il en faut venir. »

Moyen de faire comprendre leur infirmité aux Sourds-Muets.

« Je prends ma montre à réveil, et, plaçant l'aiguille à l'endroit où elle doit être pour opérer la détente, je fais sentir à chacun des sourds-muets le petit marteau qui frappe son doigt avec beaucoup de vitesse. Je leur dis ensuite que nous avons tous un petit marteau dans l'oreille, et que l'air, en s'écartant pour aller frapper le mur de la chambre rencontre notre oreille, qu'il y entre et fait remuer ce petit marteau comme je fais remuer avec le souffle de ma bouche le petit coin de mon mouchoir. Ensuite, je fais placer contre le mur une personne qui entend et qui me tourne le dos, et je la prie de se retourner vers moi aussitôt qu'elle m'entendra frapper. Je frappe donc et elle exécute ce dont nous sommes convenus. Alors je montre que l'air a rencontré son oreille; qu'en y entrant il a fait remuer son petit marteau, et que ç'a été ce mouvement qu'elle a senti, qui l'a fait se retourner et venir vers moi.

» Après cela, j'envoie la même personne dans une autre chambre; je frappe, et à l'instant elle arrive. Je déclare que la même opération s'est faite dans son oreille, et lui a servi d'avertissement pour venir me trouver. C'est ainsi que nous montrons la propagation du son par le moyen de l'ondulation de l'air. Nous expliquons aussi pourquoi cette propagation est beaucoup plus lente que celle de la lumière.

» Quant à ce qui se passe dans l'intérieur de l'oreille, MM. les anatomistes voudront bien considérer que nous parlons à des sourds-muets et qu'il n'est pas question de rechercher ici une exactitude physique. Nous faisons comprendre aux sourds-muets qu'ils n'entendent pas parce qu'ils n'ont pas ce marteau dans l'oreille, ou parce qu'il est trop enveloppé pour que le mouvement de l'air puisse y faire impression, ou, enfin, parce que s'il remue et frappe, la partie sur laquelle il agit est comme paralysée.

» Je dois dire, en passant, que toutes les fois que j'ai donné cette explication, elle a produit chez les sourds-muets deux effets bien différents : les uns témoignaient une grande joie de savoir ce que c'était qu'entendre, et les autres se livraient à une tristesse profonde, parce qu'ils n'avaient pas ce marteau dans l'oreille ou parce qu'il y était enveloppé. — Les deux premières élèves qui ont assisté à cette leçon, en ayant rendu compte chez elles, ne pouvaient contenir leur mauvaise humeur lorsqu'elles apprirent que le chat de la maison et le serin avaient chacun un petit marteau ; et comme c'était un vendredi, elles demandèrent si la carpe en avait un aussi. Leur maîtresse répondit qu'elle n'en savait rien. »

L'Art d'enseigner a parler aux Sourds-Muets de naissance.

« Apprendre à des sourds-muets à parler n'est point une œuvre qui demande de grands talents; elle exige seulement beaucoup de patience. Tout père ou mère, maître ou maîtresse qui aura lu avec attention ce que je vais exposer sur cette matière, peut espérer de réussir dans cette entreprise, pourvu qu'il ne se rebute pas des premières difficultés qu'il éprouvera infailliblement de la part de son élève ; il doit s'y attendre, et surtout ne se livrer à aucun mouvement d'impatience, ce qui déconcerterait ce novice et lui ferait bientôt abandonner une instruction dont il ne connaît pas tout le prix, et qui, d'ailleurs, n'offre rien d'agréable dans ses premières leçons.

» J'ai averti.... que je n'étais point auteur de cette espèce d'instruction....

» Je jouissais avec plaisir de la facilité que me présentaient l'écriture et les signes..., et je ne pensais aucunement à délier la langue des sourds-muets, lorsqu'un inconnu vint m'offrir un livre espagnol.... Quelle fut ma surprise, lorsqu'en ouvrant mon livre à la première page, j'y trouvais ce titre : *Arte para ensenar à hablar los mudos!* A peine étais-je en possession de cet ouvrage de M. Bonnet, qui lui a mérité en Espagne les plus grands éloges ; comme j'en parlais volontiers aux personnes qui venaient à mes leçons, un des assistants m'avertit qu'il y avait, en latin, sur cette même matière, un très-bon ouvrage composé par M. Amman, médecin suisse, en Hollande, sous ce titre : *Dissertatio de loquelâ surdorum et mutorum*.... Je ne tardai point à me le procurer.

» Conduit par la lumière de ces deux excellents guides, je découvris bientôt comment je devais m'y prendre pour guérir, au moins en partie, une des deux infirmités de mes disciples ; mais je dois rendre ici à ces deux grands hommes la justice qui leur est due. On dispute aujourd'hui à M. Bonnet le mérite de cette invention, parce qu'on trouve dans l'histoire que quelques personnes avant lui avaient fait parler des sourds-muets, et on accuse M. Amman de plagiat, comme n'ayant fait que copier des auteurs plus anciens.

» Pour moi, pénétré de la plus vive reconnaissance envers mes deux maîtres, je ne fais point difficulté de croire que M. Amman ait inventé cet art en Hollande,

M. Bonnet en Espagne, M. Wallis en Angleterre, et d'autres savants dans d'autres pays, sans que les uns aient lu les ouvrages des autres. J'ajoute même qu'il n'est aucun habile anatomiste qui, en réfléchissant pendant quelques jours sur les mouvements qui se passent en lui dans l'organe de la voix, et les parties qui l'environnent, à mesure qu'il prononce fortement et séparément chacune de nos lettres, et en se regardant avec attention dans un miroir, ne puisse devenir à son tour inventeur de cet art, sans avoir lu précédemment aucun ouvrage sur cette matière.

» Je donnerais volontiers cet exemple pour la justification de ces deux auteurs :

» J'ai voulu quelquefois parier avec des savants que, dans l'espace d'une demi-heure, je les mettrais au fait de ma méthode, tant elle est simple. Après en avoir fait l'épreuve, quelques-uns d'entre eux sont convenus qu'ils auraient perdu la gageure, s'ils l'eussent acceptée.

» Pourquoi ne se trouverait-il pas en France ou ailleurs quelqu'un qui, sans avoir lu mon ouvrage, prendra la même route, dans laquelle il ne s'agit que de suivre la nature pas à pas ? — Et ne serait-on pas injuste de lui en disputer l'invention ou de l'accuser de plagiat ? M. Amman a très-bien répondu à ceux qui lui ont fait ce reproche.

» Il est toujours permis de profiter des lumières de ceux qui ont écrit avant nous ; mais un plagiaire est un homme méprisable, qui cherche à s'en faire honneur, comme s'il les eût tirées de son propre fond. Doit-on supposer cette bassesse dans des hommes d'un mérite distingué?

» Je n'entrerai point dans le détail des explications que nos deux savants auteurs ont données, tant sur la théorie que sur la pratique de la matière qu'ils traitaient. Leurs ouvrages sont deux flambeaux qui m'ont éclairé; mais dans l'application de leurs principes, j'ai suivi la route qui m'a paru la plus courte et la plus facile. »

Pensées diverses.

1. — « Ce n'est pas notre faute s'il est des hommes qui, se faisant admirer par le brillant de leur conversation, n'ont pas l'esprit assez juste pour comprendre qu'on entend par les yeux comme par les oreilles, parce que ce sont deux portes également ouvertes à la communication des idées, l'une par le moyen des sons, l'autre par l'entremise des signes naturels et de caractères tracés par écrit. Plaise à Dieu que ces gens de routine, qui ne connaissent qu'une porte, un chemin et un escalier pour arriver à l'esprit des autres, ne fassent jamais naufrage chez les Iroquois ou quelque autre peuple barbare! Devenus à l'instant même sourds et muets, puisqu'ils ne pourraient ni entendre ce qu'on leur dirait ni se faire

entendre eux-mêmes, au milieu d'un peuple pareillement sourd-muet à leur égard..., comment s'y prendraient-ils, eux qui ne connaissent d'autre canal de communication de nos idées que la langue et les oreilles ? Ils seraient certainement à plaindre.

» Mais que dis-je ? La nécessité rend éloquent. Bientôt ils trouveraient des signes naturels pour exprimer leurs besoins et toucher de compassion les habitants du pays au rivage duquel ils auraient abordé. Pourquoi donc ne veulent-ils pas qu'aussi sensible au malheur d'autrui qu'ils le seraient eux-mêmes à leur propre infortune, nous ayions trouvé un langage de signes pour nous faire entendre des sourds-muets ?

» ... Quant à toutes les idées particulières que les autres langues expriment par des sons passagers et qu'elles fixent sous les yeux par les caractères d'écriture qu'elles adoptent, le langage des sourds-muets les représente par des gestes plus expressifs que la parole, et rend ces mêmes idées persévéramment sensibles à nos yeux, en se servant du genre d'écriture qui est en usage dans le pays..... Ce langage n'entre point dans les oreilles ; mais qu'importe ? l'écriture n'y entre point non plus ; en est-elle moins propre à rendre sensibles toutes nos pensées et à présenter un fond inépuisable de connaissances et d'instruction qui passent dans nos esprits par l'organe de nos yeux ? Est-il un seul savant dans le monde qui ne soit plus redevable de sa science à ses livres et à ses propres réflexions qu'aux leçons de vive voix qui lui ont été données par ses maîtres? L'assemblage des connaissances qui le distinguent des autres hommes n'est point entré par ses oreilles; les yeux en ont transmis une partie, et le reste s'est formé dans le fond même où il réside. »

---

2. — « Il est contraire à la droite raison de ne pas apprendre à raisonner le plus tôt possible, et de choisir une voie par laquelle on retient pendant douze ou quinze mois un homme doué d'une âme raisonnable dans la classe des perroquets, en ne lui apprenant que des mots et quelques phrases des plus familières... Les sourds-muets ne sont point d'une nature différente de la nôtre; or, c'est par l'entremise de caractères fixés persévéramment sous nos yeux par l'écriture, que nous avons appris tout ce qui est entré dans notre mémoire.

» Il est encore contraire à la raison de ne pas se servir, avec ceux que la nature a privés de la faculté d'entendre, d'un moyen que la nature elle-même nous fournit, et qui a toujours été employé avec succès par tous ceux qui y ont eu recours pour se communiquer leurs idées les uns aux autres lorsqu'ils ne pouvaient s'entendre réciproquement, eu égard à la diversité de leur langage naturel. »

---

3. — « Le commerce par écrit avec les sourds-muets est aussi facile qu'avec toute autre personne. Je conviens qu'il est incommode de tenir toujours à la main la plume ou le crayon.

» Les signes offrent un moyen beaucoup plus prompt que l'écriture et aussi intelligible que la parole même; mais il faudrait en avoir la clef, tant pour exprimer sa pensée aux sourds-muets que pour les entendre d'une manière suivie.

» Quelques personnes auraient désiré que ma méthode présentât le détail des signes. Cela est impossible ; il faudrait plusieurs volumes pour un tel travail; le signe s'exécute en un instant, mais il y a des gestes dont la description exigerait des pages entières.

» Le langage des signes s'apprend par tradition, et je suis au service de quiconque désirera l'étudier. »

---

4. — « Le monde n'apprendra jamais à faire courir la poste à ses doigts et à ses yeux pour avoir le plaisir de converser avec les sourds-muets. — L'unique moyen de rendre entièrement les sourds-muets à la société, est de leur apprendre à entendre des yeux et à s'exprimer de vive voix.

» Nous y réussissons en grande partie avec les nôtres... Une de nos sourdes-muettes récite son office de vive voix avec sa maîtresse; elle a aussi récité de vive voix les vingt-huit chapitres de l'évangile selon saint Matthieu. Toutes les plus grandes élèves répondent de vive voix aux questions qui ne demandent qu'une réponse affirmative ou négative avec le terme de politesse qu'on y joint toujours. Elles ajoutent au besoin quelques phrases courtes.

» Un jeune sourd-muet répond seul, publiquement, à la messe.. Voilà ce qu'il s'agit de perfectionner, et on y arriverait infailliblement, s'il y avait des maisons d'éducation consacrées à cette œuvre. »

---

5. — « La surdité est une misère à laquelle sont sujettes des personnes de tout état et de toute condition. Nous avons parmi nos enfants des sourds-muets nobles et riches, comme il y en a de pauvres... On voudra bien sans doute que nous donnions aux premiers toutes les espèces de connaissances qu'ils sont capables d'acquérir. Eh bien ! il faudra souffrir, quoi qu'on en dise, qu'au moins par concomitance, les autres puissent également les saisir. Cela est d'autant plus juste que les riches ne viennent chez moi que par tolérance. Ce n'est point à eux que je me suis consacré, c'est aux pauvres. Sans ces derniers, je n'aurais jamais entrepris l'instruction des sourds-muets. Les riches ont le moyen de chercher et de payer quelqu'un pour les instruire.

» Cependant, soit riches, soit pauvres, c'est la langue tout entière qu'il faut apprendre, ou ne pas s'en mêler. »

---

6. — « Une partie de ma carrière est déjà fournie, puisque je touche presque à 60 ans. Qui est-ce qui instruira les sourds-muets après moi ? Cet ouvrage est pénible par l'assiduité qu'il demande ; il entraîne à des dépenses et ne rapporte rien : trois pierres d'achoppement pour bien des personnes qui seraient d'ailleurs en état de s'y appliquer.

» Les sourds-muets ne sont tels, que parce qu'on ne cultive pas en eux le trésor précieux d'une âme créée à l'image de Dieu, mais renfermée dans une obscure prison dont on n'ouvre ni la porte ni les fenêtres pour lui laisser prendre l'essor et se dégager de la matière qui l'appesantit.

» Je me suis donc imaginé qu'en faisant faire à mes élèves un exercice public en quatre langues, exercice où chacun aurait la liberté de les interroger, dans celle de ces langues qu'il lui conviendrait, sur la matière proposée (qu'on ne leur a point apprise par demandes et par réponses), il en résulterait évidemment la preuve que les sourds-muets sont susceptibles d'instruction comme les autres enfants. En conséquence, je me suis flatté qu'il se trouverait peut-être quelque puissance qui voudrait former une maison d'instruction dans ses États. Dès-lors il y aurait quelqu'un après moi qui continuerait cette œuvre, et tôt ou tard d'autres puissances en reconnaîtraient les avantages. Est-ce illusion ou erreur de ma part? Telle est l'unique récompense que je me propose en ce monde, et je déclare très-expressément que je n'en accepterais aucune autre, de quelque part qu'elle me fût offerte : *Gratis accepistis, gratis date* (Matth., x, 8). »

---

7. — « Puisque la route est maintenant tracée, supposons un homme qui réunisse la patience et l'esprit méthodique, avec un peu d'imagination, et auquel on voudrait confier la mission d'instruire un certain nombre de sourds-muets. Son travail n'aura plus rien de difficile. En nous faisant l'honneur d'assister à quelques-unes de nos leçons, il se mettra tout d'un coup au fait ; et, dégagé des petites entraves de la première invention, il avancera plus, en six mois, que nous n'avons fait dans nos cinq ou six premières années.

» La porte des sciences est désormais ouverte aux sourds-muets comme à nous. Il n'est point d'art libéral qu'ils ne puissent exercer avec distinction. On trouvera dans Paris et ailleurs des sourds-muets dans tous les arts mécaniques, et ce sont souvent de très-bons ouvriers. Les filles sourdes-muettes que j'instruis réussissent très-bien dans tous les ouvrages qu'on leur confie..... Regarderonsnous du haut de notre science toutes ces personnes comme des êtres qui ne servent qu'à faire nombre et à consommer des denrées ? Ceux qui naissent parmi nous, privés de la faculté de parler et d'entendre, ne sont-ils donc pas assez à plaindre ? Pourquoi aggraver leur malheur en se distrayant en quelque sorte volontairement sur la multitude des services qu'ils peuvent rendre, si on se donne la peine de les instruire ? »

---

8. — « Nos contradicteurs ne savent point et ne peuvent deviner quelle est la sollicitude d'un prêtre qui, n'ayant éprouvé depuis soixante ans qu'il existe aucun des fléaux personnels auxquels tous les enfants des hommes sont exposés, et craignant avec justice de vivre trop à son aise en ce monde, cherche du moins à gagner le ciel en tâchant d'y conduire les autres. »

(Fin des Extraits.)

Les impressions qui naissent à la lecture des extraits

qui précèdent semblent avoir été formulées d'avance par l'abbé Sicard et par M. Bébian.

« Souvenez-vous, a dit l'abbé Sicard, qu'en glanant à la » suite de l'abbé de l'Epée, ce sera toujours à lui-même » qu'il faudra rapporter, comme à leur source, tous les » succès qu'on pourra obtenir. »

M. Bébian, dans son éloge de l'abbé de l'Epée, s'exprime en ces termes :

« Reçu avec une stérile admiration et plus souvent » encore avec ce doute obstiné qui repousse l'évidence, » l'art d'instruire les sourds-muets successivement découvert en Espagne, par P. Ponce ; en Angleterre, par » Gregory et Wallis ; en Allemagne, par Van Helmont ; » en Hollande, par Amman, retomba toujours dans » l'oubli, et serait peut-être encore aujourd'hui à inventer, » s'il ne se fût rencontré un homme dont le génie aussi » profond que hardi, puisait une nouvelle vigueur dans » une charité toujours active, toujours infatigable, qui, » s'élevant au-dessus des idées reçues, parvint à se frayer, » loin des communs sentiers, une route toute nouvelle » qu'il parcourut avec gloire. »

III.

Contempteurs et Apologistes de la méthode de l'abbé de l'Epée.

Transportée dans la plupart des États, la méthode de l'abbé de l'Epée était appliquée dans une portion de l'Allemagne, lorsque Samuel Heinicke fit savoir que, dans le cours de six semaines, il avait mis un sourd-muet en mesure de répondre à toutes les questions qu'on lui proposait (quel programme !). Ce savant soutenait la nécessité absolue de l'emploi de la parole à la base de l'enseignement. La lecture et l'écriture sont, disait-il, des instruments insuffisants, tandis que les sons émis par le sourd-muet s'unissent à la chaîne des idées.

L'abbé Stork dirigeait alors à Vienne, sous la protection de l'empereur Joseph II, un institut de sourds-muets. Heinicke voulut le déterminer à abandonner la méthode de l'abbé de l'Epée et à adopter ses procédés. Instruit de cette démarche, l'abbé de l'Epée voulut engager avec son contradicteur une discussion sur les principes de l'art ; et comme il était aussi étranger à la langue allemande que l'était Heinicke à la langue française, il leva l'obstacle en employant la langue latine : il écrivit trois lettres ou plutôt trois mémoires auxquels l'instituteur allemand répondit une seule fois et en se tenant à côté des questions trèsdéveloppées par l'instituteur français. Cette réserve était conforme à la sentence du poëte qui conseille de se tenir prudemment sur le rivage (1) ; mais, comme en fin de compte Heinicke, à l'imitation des premiers maîtres de l'art, faisait concourir la prononciation artificielle et l'alphabet manuel avec la lecture et l'écriture, l'abbé de l'Epée suivit un autre conseil du même poëte, et se garda de croire aux apparences, aux *couleurs* (2).

L'expérience acquise dans les écoles de sourds-muets en France et en Allemagne a fait subir des modifications considérables aux procédés de l'abbé de l'Epée et à ceux de Heinicke.

La méthode allemande est suivie dans quelques établissements en Belgique, en Suisse, en Italie et même en France. Dans ces établissements aussi bien qu'aux écoles allemandes, la discussion entre l'abbé de l'Epée et Heinicke sert de prétexte au réquisitoire que, depuis la fin du dernier siècle, on lance contre la méthode française. Toute publication relative à l'organisation ou à l'enseignement d'une maison d'instruction de sourds-muets, est précédée d'une introduction où la sempiternelle controverse apparaît revue, corrigée et rajeunie ; l'omnipotence exclusive de la parole y est affirmée, et (toujours par tradition) on y décrète l'impuissance du langage des signes.

(1) Littus ama (Virgile.)
(2) Nimium ne crede colori (*Id.*)

Or, les auteurs de la plupart de ces publications ne connaissent que fort peu le langage des signes, et, dans ce cas ils le connaissent mal; ou ils ne le connaissent pas du tout, et alors savent-ils bien ce qu'ils disent?

D'ailleurs, on apprécie l'état actuel de l'enseignement à l'Institution de Paris d'après ce qui a été dit il y a cent ans par des hommes, très-érudits peut-être, mais qui ont attaqué, sans l'avoir préalablement examiné, l'ouvrage de l'abbé de l'Epée.

Ce qui se fait aujourd'hui à l'école de Paris, on l'ignore; mais qu'importe? il faut blâmer d'abord, et puis dire: la science et la vérité ont établi domicile chez moi!

Même en France, la critique est aisée en ce qui concerne l'enseignement distribué à l'Institution nationale des sourds-muets de Paris. On n'a qu'à parcourir l'ouvrage de M. de Gérando pour être servi à souhait. L'abbé Sicard et M. Bébian avaient déjà reconnu les imperfections de la méthode du fondateur, mais enfin les perfectionnements apportés par Sicard et son ancien collaborateur constituaient la méthode de l'école de Paris. M. de Gérando obtint, par la voie diplomatique, des renseignements sur les diverses écoles de sourds-muets en Europe; son livre est un mélange d'éloges et de blâmes résumant l'opinion de professeurs peu ou point initiés à la méthode française, et souvent fort prévenus contre elle par les vieilles rumeurs des premiers maîtres allemands.

De telles critiques ne sont pas sérieuses; elles peuvent

servir à faire du bruit, mais elles ne sauraient fixer l'attention de l'école de Paris. Le silence que l'Institution a gardé jusqu'à ce jour peut néanmoins être interrompu pour faire connaître à qui de droit ce que pensaient à la fin du XVIIIe siècle, sur la personne de l'abbé de l'Epée et sur son œuvre, quelques grands personnages en Allemagne. Les lettres qui suivent font partie d'un recueil de documents autographes qui seront prochainement attribués aux archives de l'Institution nationale.

L'empereur d'Autriche à M. l'abbé DE L'EPÉE.

Vienne, ce 6 janvier 1778.

Monsieur l'abbé, je dirai même mon cher abbé, car j'aime tous ceux qui, avec autant de désintéressement, servent et chérissent mes semblables; l'établissement que vous avez consacré au service du public et dont j'ai eu occasion d'admirer les étonnants progrès, m'engage à vous adresser l'abbé Stork, porteur de cette lettre. Je me flatte qu'il aura les qualités requises pour apprendre de vous à conduire un établissement semblable à Vienne. Je ne le connais pas autrement que par son ordinaire, qui me l'a choisi, et auquel je n'ai pas laissé ignorer vos réflexions sur *les dangers de Capoue;* il croit pouvoir en répondre. Je me flatte donc que vous voudrez le prendre sous votre direction en lui communiquant la méthode que vous avez établie avec tant de succès.

Votre gloire pour le bien de l'humanité ainsi que la gloire de rendre de nouveaux sujets à la société me font espérer que vous contribuerez de bon cœur à étendre aussi votre charité sur une partie des sourds-muets allemands, en leur formant un maître qui, par les yeux, leur fournira des connaissances suffisantes pour les faire penser et combiner leurs idées.

Adieu, soyez persuadé du cas que je fais de vous.

JOSEPH.

Le cardinal-archevêque de Vienne à M. l'abbé DE L'EPÉE.

Vienne, ce 2 janvier 1779.

Vous serez aisément persuadé, Monsieur, et du plaisir et de la reconnaissance dont votre lettre m'a rempli. Je ne manquerai jamais de glorifier les œuvres de Dieu, car c'est lui qui peut vous avoir donné une charité si constante et si nouvelle pour des gens qui étaient abandonnés à leur malheur. Agréez aussi tous mes remerciements de toutes les peines que vous vous êtes données vis-à-vis de l'abbé

Stork, dont j'attends l'arrivée avec impatience. J'en ai informé S. M. l'empereur qui a manifesté beaucoup de satisfaction du témoignage que vous rendez de votre élève.

En attendant, je suis, avec la plus vive admiration,

Monsieur,

Votre très-affectionné,

LE CARDINAL-ARCHEVÊQUE DE VIENNE.

Le grand-électeur FRÉDÉRIC-CHARLES *à M. l'abbé* DE L'EPÉE.

Aschaffenbourg, ce 3 septembre 1784.

MONSIEUR L'ABBÉ,

La méthode que vous avez établie pour l'instruction des sourds-muets, en leur apprenant à penser et à combiner leurs idées, est un ouvrage précieux dû à vos sentiments de religion et de charité, et qui vous a acquis, dans presque toute l'Europe, une réputation d'autant plus méritée que vous vous sacrifiez avec tant de zèle et sans autre vue que celle du bien de l'humanité.

Plusieurs souverains, pleins d'admiration pour votre

institut, se sont empressés à former chez eux des établissements semblables et à vous envoyer des sujets pour être instruits dans les principes de votre méthode qui rend à la société religieuse et politique des hommes que le malheur en séparait.

Convaincu du bien qui résulterait aussi pour mes États, ainsi que pour cette partie de l'Allemagne, de former un établissement de cette nature dans ma résidence de Mayence, je vous aurais envoyé plus tôt, en conséquence de votre offre obligeante, un ecclésiastique pour être instruit dans votre méthode, si j'avais pu trouver jusqu'ici un sujet assez intelligent pour en être chargé. Je me persuade que le porteur de la présente, l'abbé Müller, que je vous adresse, remplira parfaitement mes vues, et je serais très-charmé que vous eussiez la complaisance, Monsieur l'abbé, de le former sous votre direction, afin que, dans l'établissement que je me propose de fonder, il puisse propager les fruits de votre zèle pour le bien public.

J'aurais souhaité que, selon votre demande, il ne fût pas si avancé en âge ; mais je ne doute pas qu'il ne remplace ce défaut par le zèle qu'il a toujours montré pour les œuvres de charité et l'amour du prochain, et qu'il n'apporte, par conséquent, toute l'application nécessaire pour se rendre propres les principes de votre méthode et laisser ensuite, après lui, des élèves qui le puissent remplacer à son temps.

Il me reste, Monsieur l'abbé, à vous assurer d'avance

des droits que vous allez acquérir sur ma reconnaissance et celle du public, ainsi que des sentiments d'estime et de considération avec lesquels je suis,

Monsieur l'abbé,

Votre très-affectionné,

FRÉDÉRIC-CHARLES, GRAND-ÉLECTEUR.

Le grand-électeur FRÉDÉRIC-CHARLES *à M. l'abbé* DE L'EPÉE.

Mayence, ce 8 novembre 1787.

MONSIEUR,

Je n'ai pu apprendre qu'avec une satisfaction toute particulière les témoignages multipliés que l'abbé Müller a rendus, à son retour de Paris, à l'empressement actif et généreux que vous avez voulu mettre à initier cet ecclésiastique dans les principes de votre méthode pour l'instruction des sourds et muets.

C'est par une suite de vos soins et de vos peines qu'il se trouve parfaitement en état de conduire et d'exécuter le plan de l'établissement que j'ai formé ici sous sa direction, et dont vous avez donné l'exemple et le modèle à la plupart des États policés de l'Europe.

Je vous le répète, Monsieur, je sens tout le prix du service que vous rendez à cet égard à la religion et à l'humanité, et je suis surtout reconnaissant du bien qui pourra en revenir à mes propres sujets par le zèle de l'abbé Müller, votre élève.

Mais, comme je n'ignore pas non plus combien vos vues et votre façon de penser sont pures et désintéressées, je me flatte, Monsieur l'abbé, que vous voudrez au moins accepter un souvenir de ma part, et que vous voudrez le regarder comme une preuve du sentiment de reconnaissance, d'estime et d'affection que je vous ai voués.

M. de Helon, votre compatriote, se charge de vous le remettre et de vous assurer, en même temps, du désir que j'ai de vous convaincre, en toute occasion, de la parfaite considération avec laquelle je suis très-cordialement,

Monsieur,

Votre très-affectionné,

FRÉDÉRIC-CHARLES, GRAND-ELECTEUR.

Le prince HENRI DE PRUSSE *à M. l'abbé* DE L'EPÉE.

Berlin, le 20 février 1783.

MONSIEUR,

J'ai reçu votre lettre par laquelle vous demandez mon intercession dans une dispute littéraire que vous croyez avoir avec le sieur Nicolaï, libraire à Berlin. Saisissant avec plaisir toute occasion de vous témoigner le cas que je fais de vous, j'ai fait parler au sieur Nicolaï, en lui communiquant les plaintes que vous portez contre lui. Il prouve par la réponse qu'il m'a faite à ce sujet, qu'il n'a jamais eu l'intention d'attaquer votre excellent institut qu'il n'a point vu, mais qu'ayant lu votre ouvrage, il s'est permis, en désapprouvant que M. Stork tourmente les sourds et muets de la théologie scolastique, quelques doutes relativement à ce sujet.

Vous sentez que les opinions étant libres en fait de religion, du moins dans ce pays, tout ce que dit le sieur Nicolaï, à ce sujet, ne peut nuire en aucune manière à la bonté de votre institut, ou porter la moindre atteinte à l'auteur estimable qui a sacrifié ses talents au soulagement de l'humanité.

Agréez, je vous prie, les sentiments de beaucoup d'estime avec lesquels je suis,

Monsieur,

Votre affectionné ami,

HENRI.

Le prince HENRI DE PRUSSE *à M. l'abbé* DE L'EPÉE.

Reinsberg, le 12 août 1783.

MONSIEUR,

J'ai encore fait parler au sieur Nicolaï, touchant votre dispute littéraire ; mais le tout en vain : Son opiniâtreté égale la légèreté avec laquelle il a osé attaquer votre ouvrage. Que faire d'un homme de cette trempe ? Il faut l'abandonner à la risée publique et, au lieu de le combattre dans les formes, le faire chansonner. Je suis bien fâché que ses mensonges vous causent du chagrin ; vous ne devriez cependant pas vous en affecter, tout homme impartial voit d'un coup-d'œil que le sieur Nicolaï cherche à déprimer votre méthode pour donner du relief à celle de M. Heinicke, qui n'est qu'une imitation de la vôtre.

Recevez, du reste, les assurances de beaucoup d'estime avec lesquelles je suis,

Monsieur,

Votre très-affectionné ami,

HENRI (1).

(1) Henri de Prusse (le prince), troisième fils du roi Frédéric-Guillaume, frère de Frédéric II, fut un des plus habiles hommes de guerre de son temps, et contribua puissamment aux succès de son frère pendant la guerre de Sept Ans. Ses principaux faits d'armes sont la délivrance de Breslaw (1760), et la victoire de Freyberg (1762), où il battit les Impériaux. Les Polonais, charmés de sa valeur,

Le comte DE GOERTZ *à M. l'abbé* DE L'EPÉE.

Weimar, le 6 janvier 1776.

Vous vous rappelez, Monsieur l'abbé, que parmi ceux qui admirèrent, l'année passée, la bienfaisance qui vous anime pour soulager les malheureux sourds-muets, le duc de Saxe-Weimar était un de ceux qui en étaient le plus vivement touchés; qu'il prit dès ce moment, pénétré de votre vertu, des engagements avec vous de vous envoyer un homme pour procurer par vos instruc-

---

lui offrirent la couronne; mais la Russie empêcha l'exécution de ce projet. Ami de la France, il vint à Paris en 1788 pour y passer la fin de sa vie, mais la révolution le força de s'éloigner. Il mourut à son château de Rheinsberg, en 1802.

NOTA. — Les lettres que nous venons de transcrire seront placées sous les yeux de ceux des lecteurs dont l'esprit serait tourmenté par le doute.

Nos grands parents se sont fort égayés avec une anecdote qui mérite d'être rappelée :

Le prince Henri assistait, un soir, à la représentation de *Castor et Pollux*; il avait auprès de lui le fils de Mme de Sabran, à peine âgé de huit ans. L'enfant lisait l'opéra et demanda la signification du mot *jumeaux*.

— On appelle jumeaux, répondit le prince, deux enfants sortis du même œuf.

— Les enfants sortent d'un œuf! riposta le jeune de Sabran. Je suis sorti d'un œuf, moi?

— Mais oui, très-certainement.

L'enfant ne le croyait pas, malgré l'affirmation du prince.

Le chevalier de Boufflers, se trouvant dans la même loge, souffla au jeune de Sabran le quatrain qui suit :

Ma naissance n'a rien de neuf,
J'ai suivi la commune règle.
Je me croirais sorti d'un œuf,
Si, comme vous, j'étais un aigle.

tions ce secours aux malheureux de son pays ; et qu'il vous promit en même temps une Bible allemande. Je me charge de vous faire passer cette Bible et de vous assurer en même temps qu'il s'occupe à trouver un bon sujet pour remplir le plus tôt possible le désir de son cœur, de venir au secours de ses sujets infortunés. Je m'acquitte avec plaisir de cette commission pour vous témoigner en même temps, Monsieur, l'admiration que vous m'avez inspirée ainsi que le respect que je porte à votre vertu, et tous les sentiments avec lesquels je me fais gloire d'être,

Monsieur,

Votre très-humble et très-obéissant serviteur,

LE COMTE DE GOERTZ.

Le Conseiller de la ville de Rotterdam, Commis-général des Provinces-Unies, et Directeur de la Compagnie des Indes-Orientales.

Rotterdam, ce 6 septembre 1782.

Je me rappelle avec autant de satisfaction que d'étonnement, Monsieur, les progrès incompréhensibles que votre savoir, votre patience et votre humanité ont procurés aux pauvres sourds et muets que j'ai vus chez vous dans le mois de mai ou au commencement de juin de l'année passée. Depuis ce temps, j'ai cherché un bon sujet pour vous l'envoyer, afin que, guidé par vos lumières et vos instructions, il puisse procurer à ses compatriotes le même bonheur dont vous faites jouir votre nation; et je me flatte de l'avoir trouvé; c'est un jeune homme de 18 ans, de la religion catholique, d'une famille honnête de cette ville, de très-bonne conduite, de beaucoup d'application, d'un caractère doux et d'un esprit assez pénétrant... ...

Je me rappelle, Monsieur, les bontés que vous avez eues pour moi; et toutes les magnificences que j'ai vues en France ne m'ont pas autant frappé que votre talent unique et admirable. Votre cœur est la source de vos actions.... Je me ferai toujours une gloire de vous prouver à quel point j'ai l'honneur d'être,

Monsieur,

Votre très-humble et très-obéissant serviteur,

DE TEYLINGEN.

IV.

Procédés d'instruction en Allemagne.

(Conférence de Pforzheim et Congrès de Dresde.)

En Allemagne, les directeurs d'institution de sourds-muets, les professeurs attachés à ces établissements et les membres des sociétés organisées pour procurer le bienfait de l'éducation aux enfants des familles pauvres, ont droit à la reconnaissance publique. C'est avec un zèle infatigable qu'ils recherchent sans cesse les moyens de perfectionner les procédés d'instruction et d'améliorer le sort des sourds-muets.

Les professeurs allemands, malgré leur respect pour la mémoire de Heinicke, ne sacrifient point à ce sentiment les intérêts des sourds-muets. Ils en ont souvent donné la preuve. Il nous suffira de citer les déclarations qui ont été successivement apportées à la conférence de Pforzheim, le 5 octobre 1847, et au congrès de Dresde, le 29 et le 30 août 1875.

A Pforzheim, M. Haüg, professeur à l'institution des sourds-muets et aveugles de Gmünd (Wurtemberg), proposa de réunir dans une école spéciale ceux des élèves qui ne faisaient aucun progrès à l'étude de la parole. Ces élèves ne pouvaient, à son avis, être instruits qu'au moyen des procédés de la méthode française ; d'ailleurs, disait-il, les exercices d'articulation contribuent peu ou ne contribuent pas du tout au développement de l'intelligence; ils ne répondent pas davantage aux besoins religieux. Enfin, M. Haüg reconnut que, dans les écoles françaises, l'éducation intellectuelle et morale ainsi que l'étude de la langue sont poussées plus loin que dans les écoles allemandes.

On croira sans peine que cette manière de voir fut combattue par quelques membres de la conférence; mais on peut affirmer qu'elle attira l'attention générale, et devint l'objet des réflexions d'un grand nombre de professeurs. Les discours prononcés au congrès de Dresde, et quelques-unes des résolutions de cette assemblée, en sont la preuve irréfutable. En voici l'analyse très-succinte :

M. Wilczek, de Prague, a demandé que l'instruction des sourds-muets fût obligatoire, un grand nombre d'enfants faiblement doués n'étant pas, pour ce motif, admis dans les établissements d'instruction; on les envoie à l'école des entendants où ils ne peuvent rien apprendre, a dit cet orateur. — La proposition a été adoptée; mais nous ferons remarquer au lecteur que M. Wilczek insiste d'une part pour que les familles soient obligées d'envoyer aux écoles spéciales leurs enfants sourds-muets, et que, d'autre part, il déclare que les instituts ne reçoivent point les enfants faiblement doués. Dès-lors, à quoi bon un plus grand nombre d'écoles ?

Décréter l'instruction obligatoire est une chose, mais obtenir que tous les enfants soient envoyés à l'école est une autre chose. Même à l'égard des enfants qui entendent et parlent, les mesures prises pour rendre l'instruction obligatoire ont été souvent inutiles (1).

Sans contredit, le sentiment qui a successivement inspiré

---

(1) Aux Etats-Unis, le nombre total des enfants âgés de six à seize ans, est évalué à 10,536,647. Le chiffre des inscrits s'élevait, l'année dernière, à 8,097,981. La moyenne de ceux qui assistent aux cours n'excède pas 4,521,564.

En Europe et dans quelques autres États, le nombre des enfants qui fréquentent les écoles, est évalué, savoir :

	POUR 100 HABITANTS.	
Suisse, Grand-Duché de Bade, Wurtemberg, Saxe, Thuringe, Canada, Victoria, Colonies néerlandaises de l'Océanie, Algérie,	à 15 et	au-delà.
Prusse, Suède,	à 13 et 15	id.
France, Grande-Bretagne, Belgique, Pays-Bas, Bavière, Norwége,	à 9 et 13	id.
Irlande, Espagne, Autriche, Hongrie, Nouveau-Brunswick,	à 7 et 9	id.
Italie, Portugal, Grèce, Colonies françaises d'Amérique, Guyane anglaise, Chili, Uruguay, République argentine,	à 2 et 7	id.
Russie, Turquie, Serbie, Roumanie, Egypte, Brésil, Mexique, Républiques de Venezuela, de l'Equateur, du Pérou, de Bolivie, du Paraguay,	moins de 2	—

et la proposition de rendre obligatoire l'instruction des sourds-muets et son adoption par le congrès est très-louable ; mais ce sentiment ne suffit pas. En Prusse, a dit M. Fürstenberg, nous avons le règlement de 1763 et le code général de 1794 pour obliger les parents à pourvoir à l'instruction de leurs enfants : mais fort souvent les familles riches gardent leurs enfants ; quant aux communes dépourvues de ressources, comment pourrait-on mettre à leur charge les frais d'instruction d'enfants appartenant aux familles pauvres ? Vous proposez de fonder de nouvelles écoles ; supposez que douze sourds-muets naissent dans une commune dans laquelle on a ouvert une école spéciale ; supposez encore qu'au bout d'un certain nombre d'années ces élèves aient disparu et que, durant la même période, il ne soit pas né un seul sourd-muet ; que feront le directeur et les professeurs ? Ils fermeront l'école.

Néanmoins, M. Wilczek. fait une nouvelle motion ayant pour objet la fondation d'écoles préparatoires pour les petits enfants sourds-muets ; ces écoles seraient confiées à des institutrices. Le congrès adopte la proposition à la suite d'explications par lesquelles M. Fürstenberg, fait connaître que sa fille, *la jardinière expérimentée*, s'occupera à Berlin, d'un jardin d'enfants sourds-muets, et présentera au prochain congrès les résultats de son entreprise.

On sait que les jardins d'enfants sont des écoles organisées conformément aux conseils contenus dans le manuel de Pestalozzi (1), *Guide des mères de famille.* Ces écoles étant dirigées par des femmes, l'institutrice prend le titre de *jardinière.*

La fondation d'écoles préparatoires répondrait certainement à un besoin qui se fait sentir partout. Mais à qui sera confiée la direction de ces écoles ?

Les connaissances variées que l'enfant acquiert si facilement au jeune âge et qui forment la première éducation, échappent au petit sourd-muet dont l'intelligence, que ne sollicite jamais l'échange des idées qui se transmettent par la parole, est limitée à l'observation des choses dont il reconnait instinctivement l'utilité. Plus tard, lorsque le sourd-muet entrera à l'école spéciale, on se servira, pour l'instruire, de procédés différents de ceux qu'on emploie à l'égard des enfants qui jouissent de l'ouïe et de la parole. Ceux-ci arrivent à l'école avec le riche bagage de la langue maternelle : les règles de la grammaire, les leçons d'histoire et de géographie, les préceptes de la religion et de la morale, les opérations du calcul, l'enseignement du latin, du grec, des langues vivantes, tout arrive à leur esprit au moyen de la langue maternelle, aidée de la lecture et de l'écriture.

Le petit sourd-muet, lui, n'a que quelques gestes, très-

(1) L'Institut fondé en Suisse par Pestalozzi n'est qu'une fidèle imitation de la *Maison Joyeuse* qui existait à Mantoue. (Hist. littér. d'Italie par M. Guinguené.)

insuffisants pour le développement de sa pensée. Il est donc indispensable que le langage des signes soit le plus tôt possible assez étendu pour que l'enfant, au moyen d'un peu de raisonnement, s'habitue à s'exprimer dans la langue de son pays.

D'un autre côté, puisque le sourd-muet est fatalement privé de l'action puissante de la parole, on comprend combien il est essentiel que les signes soient réguliers, traduisent nettement et correctement la pensée, et soient, en un mot, conformes à la tradition.

Voilà pourquoi l'institutrice, placée à la tête de l'école préparatoire, devrait être sourde-muette. Une institutrice parlante ne pourrait la remplacer efficacement, à moins qu'elle ne fût très-habile au langage mimique.

Ceci dit, écoutons les orateurs du congrès. — Il est donné lecture d'un rapport sur les écoles de sourds-muets. L'auteur, M. Stücken, de Minden, expose que la différence des méthodes est très-regrettable; il remarque une différence notable entre les sourds-muets qui, dans leur instruction, n'ont pas fait usage du langage des signes et ceux qui l'ont employé concurremment avec le langage articulé.

Quand l'instruction, du commencement à la fin, est donnée sans le secours du langage des signes, elle ne suffit qu'à demi au développement intellectuel. Quelquefois les professeurs se servent de gestes de leur invention, qui sont incompréhensibles. Dans quelques établissements on montre aux visiteurs des élèves qui jouissent d'un certain degré d'audition et sont très-intelligents, afin de prouver le mérite de la méthode. C'est une manœuvre détestable. Enfin, M. Stücken, comparant le présent au passé, préfère le passé, par ce motif qu'autrefois la méthode reposait sur le langage des signes et la langue parlée.

Ce rapport expose la situation générale des écoles et les graves imperfections des procédés d'enseignement, qui pèchent par la base. Mais ce travail n'aboutit qu'implicitement à une proposition. Voici qu'elle se trouve formulée dans une motion qui est successivement soutenue par MM. Borg, Hœtzold, Stücken et Wilczek. Elle a pour objet d'imposer aux professeurs chargés d'instruire les sourds-muets, la connaissance du langage des signes. Les orateurs émettent l'opinion que l'emploi auxiliaire du langage des signes éveille chez les élèves sourds-muets la faculté de compréhension, facilite l'étude et hâte le développement intellectuel; ils demandent que les aspirants au professorat soient tenus d'apprendre la pantomime et de s'initier au langage des gestes en fréquentant les sourds-muets adultes. Ils insistent enfin sur la difficulté de se faire comprendre des sourds-muets au moyen de la parole, tandis que les communications deviennent très-faciles, si l'on emploie les signes.

Le congrès adopte la proposition; il approuve également celle qui a pour objet de faire admettre la candidature des sourds-muets intelligents au grade de professeur, et renvoie au comité, pour une autre circonstance, la proposition de M. Naglo, de Berlin, relative à l'introduction du langage des signes *exclusivement.*

Enfin, dans le cours de la 2e séance, le congrès a réglé, ainsi qu'il suit, l'emploi du temps consacré à l'instruction des sourds-muets, à partir de l'âge de quatre ans :

Au Jardin d'enfants . . .	3 ans.	
A l'Institut	6 ans.	15 ans.
A l'École supérieure. . .	6 ans.	

Nous ne mentionnons que pour ordre les observations qu'un orateur a présentées pour signaler la difficulté d'imposer le même programme d'études à tous les élèves. Il a conseillé d'établir deux classes, l'une pour les sourds-muets intelligents, l'autre pour ceux qui sont moins bien doués. A son avis, les sourds-muets qui ne peuvent apprendre à parler, devraient être placés dans une école particulière dans laquelle l'enseignement serait donné au moyen des signes. M. Borg ne recommande pas la séparation des sexes dans des établissements distincts, par ce motif que cette séparation n'est pas praticable pendant toute la vie des sourds-muets. S'il en était ainsi, dit-il, ils ne jouiraient jamais du bonheur de la famille.

Nous ne saisissons pas assez nettement la pensée de l'orateur ; les hommes et les femmes jouissant à la fois de l'ouïe et de la parole, *et du bonheur de la famille*, ont été élevés, pour la plupart, dans des établissements exclusivement affectés à l'un ou à l'autre des deux sexes. Il en est de même en France des sourds-muets qui ont reçu l'instruction à l'école de Paris (Institution nationale pour les garçons), et des sourdes-muettes qui ont été élevées à l'école de Bordeaux (Institution nationale pour les jeunes filles). Les mariages de ces anciens élèves des deux sexes sont fréquents ; le bonheur de la famille n'est donc pas refusé à ceux des sourds-muets qui, comme les parlants, ont été instruits dans des maisons spéciales à chacun des sexes.

Les résolutions prises par le congrès peuvent être résumées ainsi qu'il suit :

1° — L'instruction est obligatoire pour les sourds-muets ;

2° — Des écoles préparatoires seront fondées afin que l'éducation des sourds-muets commence dès le jeune âge ;

3° — Le temps consacré à l'instruction des sourds-muets aura une durée de onze ans (depuis l'âge de quatre ans jusqu'à la quinzième année) ;

4° — La fonction de professeur pourra être confiée à ceux des sourds-muets qui possèderont les aptitudes requises pour l'enseignement ;

5° — Enfin, les aspirants au professorat (candidats jouissant de l'ouïe et de la parole) seront d'abord initiés au langage des signes.

V.

CONFÉRENCE DE DRESDE.

Les instituteurs allemands. — L'École de Paris.

Souvent on appelle progrès les quelques pas qu'on fait en avant, après avoir fait un plus grand nombre de pas en arrière. Mais c'est une justice à rendre aux honorables membres du congrès de Dresde que de reconnaître qu'après avoir examiné l'organisation actuelle de l'enseignement des sourds-muets, ils ont loyalement reconnu l'infériorité des procédés d'instruction en 1875, par rapport à ceux qu'on employait dans le passé. On a rétrogradé ; mais dès aussitôt qu'on s'en aperçoit, on se retourne, et l'on suit résolument le bon sentier : — C'est courageux et très-sage.

En effet, on ne peut lire la traduction du compte-rendu des séances du congrès sans éprouver des sentiments de sympathie et de respect envers les représentants des comités. Ils n'ont eu en vue que les intérêts des sourds-muets ; les orateurs n'ont pas profité de leur présence à la tribune pour faire valoir leur esprit ; aucune récrimination n'a été portée sur les procédés en usage dans les établissements d'instruction à l'étranger ; au contraire : si, quelquefois, il a été question de ces écoles, ce n'a été que pour appuyer, sur les résultats obtenus dans ces instituts, la démonstration de la nécessité d'une réforme dans les écoles allemandes. A la polémique ardente de la conférence de Pforzheim, en 1847, a succédé en 1875, au 3e congrès tenu à Dresde, un débat calme, digne, une véritable discussion d'affaires pédagogiques. MM. les délégués ont compris qu'il s'agissait uniquement d'étudier les moyens par lesquels il serait possible de rendre plus supportable, dès à présent et dans l'avenir, la position sociale des sourds-muets.

Seulement, il pourra paraître étrange que lorsqu'ils ont désigné celles des institutions qui, à l'étranger, emploient le langage des signes au début de l'instruction, les honorables membres du congrès aient gardé le silence sur l'Institution nationale de Paris. Par exemple, lorsque M. Stüden, de Minden, dans son rapport très-étudié, a présenté ses observations sur les résultats de l'enseignement dans les écoles d'Amérique, ignorait-il, et l'assemblée ne savait-elle pas qu'en 1816, un professeur français, Laurent Clerc, sourd-muet, avait transporté aux Etats-Unis l'art d'instruire ses frères privés de l'ouïe et de la parole ; que Laurent Clerc avait été l'élève de l'abbé Sicard, et que l'abbé Sicard avait été le disciple et le successeur de l'abbé de l'Epée (1) ?

Mais ce silence résulte nécessairement d'un oubli.

(1) M. Laurent Clerc, décédé le 18 juillet 1869 à Hartford (Etat du Connecticut-Amérique), à l'âge de 84 ans.

Un monument à sa mémoire a été érigé dans la cour d'honneur de l'Institution américaine dans laquelle il s'est distingué par ses tra-

Voués à l'éducation des sourds-muets, les membres des congrès, en Allemagne, sont en réalité des ministres de la science et de la charité, lesquelles vivent partout en bonne intelligence avec l'amour de la patrie. Les passions de la politique se taisent devant elles. Dans leurs voyages à travers le monde, guidées par une étoile comme les rois mages allant à Bethléem, comme eux aussi la science et la charité offrent leurs présents aussi bien aux plus grands rois qu'aux plus humbles des hommes, à ceux-là mêmes qui, privés d'abri, se sont réfugiés dans une étable. Voilà pourquoi elles ne rencontrent jamais ni frontières ni barrières.

Oui, c'est nécessairement un oubli; car l'Institution nationale des sourds-muets de Paris a été honorée de la visite de quelques-uns de MM. les membres du congrès. Et nous pensons qu'à mesure qu'une proposition était soumise à l'appréciation de l'assemblée, des divers points de la salle des voix auraient pu faire entendre ces paroles : *comme cela est établi à l'école de Paris.* En effet, toutes les améliorations que le congrès a adoptées (celle qui concerne le *jardin d'enfants* exceptée) sont depuis longtemps comprises dans l'organisation générale de l'établissement de la rue Saint-Jacques.

Ces observations ne doivent point nous détourner d'offrir ici même à M. Jencke, l'honorable directeur de

vaux et son dévouement. Les frais de ce monument ont été couverts par le produit d'une souscription faite parmi les anciens élèves et les anciens collaborateurs de cet excellent maître.

l'Institut des sourds-muets de Dresde, l'expression de notre reconnaissance pour l'empressement qu'il a mis à nous adresser le compte-rendu des séances du congrès.

Mais comment avons-nous été amené auprès de notre aimable confrère pour obtenir cet acte d'obligeance ? Le voici en deux mots : on sait que les questions qui concernent l'éducation des sourds-muets ne sont qu'éventuellement examinées par les journaux français ; ce qu'on ignore et ce que nous avouons avec un sentiment de regret, c'est que les relations entre l'école de Paris et les écoles des divers États sont peu suivies. Il s'ensuit que la réunion de Dresde n'aurait pas été connue à l'Institution nationale si le journal *la Presse* n'avait, le 12 octobre 1875, résumé en quelques lignes les délibérations du congrès, et si l'un de MM. les professeurs de l'Institution de la rue Saint-Jacques, que sa curiosité de savoir ce qui se dit et se fait à l'étranger conduit chaque jour à consulter les grands journaux, n'avait aperçu, parmi les nouvelles de l'extérieur, cette information aussi intéressante pour lui-même que pour l'école à laquelle il est attaché.

Nous terminons par cette remarque l'analyse des décisions prises par le congrès de Dresde.

Il nous reste à exposer ce qui constitue la différence entre la méthode de l'école allemande et la méthode de l'école française. — Nous le ferons rapidement.

VI.

DES MÉTHODES EN GÉNÉRAL.

Intuition. — Méthodes intuitives.

Un travail ne produit des résultats sérieux et prévus, qu'à la condition que les opérations dont il se compose seront réglées de telle sorte, que l'une prépare celle qui la suit immédiatement. Ces combinaisons logiques forment la méthode.

On confond souvent les moyens d'enseignement avec les principes et les règles d'une méthode. L'art d'introduire des disciples dans l'étude d'une langue, par des procédés expéditifs et lumineux, est confondu quelquefois avec l'ordre qui doit être suivi pour trouver ou pour enseigner la vérité.

Dans son ouvrage sur l'éducation des sourds-muets de naissance, M. de Gérando a consacré un chapitre aux *diverses méthodes propres à guider dans l'intelligence de la langue*. Sous ce titre, un peu vague peut-être, l'auteur a donné des conseils qui n'ont pas été bien compris. Il fait observer que les considérations qu'il présente sont *familières aux philosophes* ; mais il était essentiel qu'elles fussent avant tout intelligibles à l'esprit des instituteurs, puisque c'est aux maîtres chargés de l'instruction des sourds-muets que M. de Gérando adresse des conseils.

A son avis, « le mérite des méthodes d'enseignement » consiste à répandre aussi abondamment qu'il est pos- » sible *la lumière de l'intuition*, et à la conserver dans » toute sa pureté. »

Qu'est-ce donc que l'intuition ? M. de Gérando répond : « C'est, pour l'intelligence humaine la source unique de » toute lumière. Il y en a de deux sortes ; l'une, *réelle* et » l'autre, *rationnelle*.

» Par l'intuition réelle, l'esprit aperçoit immédiate- » ment ce qui existe : c'est l'intuition des choses ou des » images. — L'intuition rationnelle est une intuition » logique et réfléchie par laquelle l'esprit se rend compte » de ce qu'il pense. Elle s'exerce sur la connexion qui » existe entre les vérités, et fait voir les conséquences » dans leurs principes. »

En résumé, selon M. de Gérando, l'intuition contient toutes les facultés de l'âme, et c'est en elle que s'effectuent toutes leurs opérations.

Il y a une philosophie qui donne le nom d'*intuitives* aux connaissances et aux vérités que l'esprit saisit par une comparaison d'idées entre lesquelles il voit une convenance ou une disconvenance ; mais d'autres philosophies attribuent le nom d'*intuitives*, soit aux connaissances naturelles qui ne supposent aucune comparaison d'idées, soit à des idées qui résultent des manifestations des réalités à notre esprit, avant que l'esprit les aient élaborées par l'abstraction ; enfin, l'histoire de la philosophie présente le mot *intuition* dans le sens de l'acception théologique, et il s'agit alors de la faculté de recevoir des révélations touchant les choses surnaturelles. Nous devons nous en rapporter à l'opinion dominante en philosophie, et voir dans le mot *intuition* la connaissance claire, directe, immédiate des vérités qui, pour être saisies, n'ont pas besoin de l'intermédiaire du raisonnement. Si l'intuition est une lumière intérieure, peut-on dire qu'elle est la source unique de toute lumière ?

M. de Gérando ne demeure-t-il pas obscur aux intelligences modestes, lorsqu'il dit que « les méthodes d'enseignement, après avoir étendu l'enceinte de cette première » intuition immédiate qui embrasse la réalité des choses, » et conserve, dans la langue technique, l'empreinte des » propriétés caractéristiques des objets, doivent ramener » l'élève à venir puiser à la source originelle la lumière » qui doit éclairer toutes les régions de la science, en » faisant reparaître les choses elles-mêmes au travers des » signes qui leur ont été substitués ? »

Il donne, néanmoins, le nom d'*intuitives* aux méthodes qui ont, dit-il, un tel caractère, et auxquelles « appar» tient une juste prééminence dans quelque ordre d'en» seignement que ce soit. » Il ajoute qu'elles ont une utilité toute spéciale dans l'art d'instruire les sourds-muets.

C'est pour suivre le conseil de M. de Gérando qu'on a quelquefois désigné par les mots *méthode intuitive*, une suite de procédés par lesquels il devient possible d'instruire les sourds-muets. Mais il faut bien dire que ces procédés demeureraient absolument sans effet, si l'élève n'était conduit à raisonner, à comparer, à saisir les analogies, c'est-à-dire à des opérations de l'intelligence qui n'ont rien de commun avec l'intuition, telle qu'elle est généralement définie.

Eloignons-nous de ces régions élevées, et examinons simplement la valeur des procédés que la France, d'un côté, et, de l'autre, l'Allemagne, emploient pour l'instruction des sourds-muets.

VII.

Méthode allemande. — La Parole.

Toutes les écoles se proposent de développer l'intelligence du sourd-muet, d'élever son cœur, de lui donner un instrument de communication avec les personnes qui jouissent de l'ouïe et de la parole, enfin de le rendre capable d'occuper dans la société le rang qui appartient à tout homme qui travaille et se conduit honorablement.

Les moyens employés sont :

1° Les faits et le langage d'action (c'est-à-dire l'imitation des faits par le dessin, les mouvements du corps et l'expression de la physionomie) ;

2° La langue conventionnelle qui s'exprime par la parole, par l'écriture ou par la dactylologie.

Les faits, le dessin et le langage d'action font naître ou réveillent des idées ; ils sont la base de l'éducation du sourd-muet.

La parole, l'écriture ou la dactylologie ne font naître ou ne réveillent les idées que d'une manière indirecte, et à la suite d'une interprétation.

La méthode française s'appuie sur les faits, le dessin et les signes mimiques ; elle emploie la dactylologie et enseigne la parole.

La méthode allemande s'appuie sur les faits, le dessin, les signes, l'écriture et la parole ; elle repousse la dactylologie.

Au premier aspect, la différence entre les deux méthodes est insignifiante ; mais elle devient considérable dès qu'on s'aperçoit que non-seulement les instituteurs allemands admettent la parole à la base de l'instruction, mais encore, dans un grand nombre d'écoles, interdisent le langage des signes.

Le congrès de Dresde a reconnu la nécessité absolue de rétablir l'emploi des signes. Il s'ensuit que la différence réelle entre la méthode allemande et la méthode française réside tout entière dans l'importance que l'école allemande attache à la parole, et l'importance que l'école française attribue à l'usage des signes.

Chacune des deux méthodes a trouvé des défenseurs excessivement passionnés. Il n'est donc pas facile de tenir dans le débat ce juste milieu, hors duquel Plaute ne reconnaît pas un esprit sage ; mais il est permis d'essayer. Et puisque nous devons entretenir le lecteur des deux moyens d'instruction, nous commencerons par la parole.

On a dit d'abord que sa supériorité sur tous les moyens de communication consiste en ce que, s'adressant à l'ouïe, la parole laisse à celui qui parle et à celui qui l'écoute toute liberté d'agir et de voir : — mais que le sourd-muet ne peut jouir de cet avantage puisque c'est par la vue et non par l'ouïe qu'il perçoit la parole, et que, inactif pendant qu'on lui parle, il ne peut rapprocher les faits et leur expression qu'au moyen de deux actes successifs.

Ensuite, on a dit que le timbre et les accents variés de la voix donnent les nuances du sentiment; que la voix exerce sur l'âme une influence extrêmement puissante ;— mais que le sourd-muet, qui apprend à parler par des moyens artificiels, n'entend point la voix qu'il reproduit ; qu'il n'éprouve que des sensations tactiles ; qu'il ne distingue que des formes sur les lèvres de la personne qui lui parle ; que, pour être compris de lui, on doit non-seulement prononcer plusieurs fois les mêmes mots, mais encore les accentuer plus énergiquement que d'habitude ; enfin qu'il absorbe l'attention aux dépens des idées exprimées.

On a ajouté qu'il n'est point de sourd-muet capable de démêler et de saisir sans hésitation, dans le mouvement fugitif des lèvres, tous les sons et toutes les articulations, parce que, dans notre langue, chaque son s'écrit de plusieurs manières ; que le sourd-muet devrait connaître déjà la langue dont il commence l'étude ; que lorsqu'il s'efforce de lire sur les lèvres d'un interlocuteur, il rappelle l'antiquaire, forcé de lire couramment des inscriptions à moitié effacées et de les rétablir sans hésitation ; enfin, que plusieurs sourds-muets, instruits, parmi lesquels on compte des publicistes, des artistes, des savants, se montrent opposés à l'étude de la langue parlée.

Voilà les difficultés, et telles sont les objections auxquelles nous allons tâcher de répondre.

On est unanime à reconnaître l'avantage qui résulterait pour le sourd-muet de son aptitude à s'exprimer de vive voix, et personne ne peut contester ce fait, à savoir que plusieurs sourds-muets expriment leur pensée au moyen de la parole. Sans doute, il y a des sourds-muets très-instruits, qui ne parlent point, qui ne veulent point parler; mais comme tout sourd-muet, capable de manifester ses sentiments et ses idées au moyen de l'écriture, pourrait, s'il s'exercait à l'articulation, dire de vive voix ce qu'il est capable d'exprimer par l'écriture, on peut dire que, cédant aux susceptibilités de leur amour-propre, les sourds-muets qui condamnent l'étude de l'articulation et nient ses résultats, redoutent tout simplement de paraître inférieurs au commun des hommes, lorsque, par leur intelligence, ils ont le droit d'être classés parmi les hommes distingués.

Si la parole des sourds-muets n'est pas spontanée, elle est à peu près pareille à celle d'un grand nombre d'étrangers qui s'efforcent de s'exprimer dans notre langue. Quand on aperçoit la difficulté qu'ils éprouvent, on leur vient en aide, et pourvu qu'on saisisse la pensée qu'ils veulent exprimer, on se montre satisfait; l'indulgence est notre première politesse.

Si, pour se faire comprendre d'un sourd-muet, on est obligé de répéter les mots et d'accentuer plus énergiquement les syllabes, ce labeur ne diffère pas de la peine qu'on se donne à l'égard d'un parlant qui est sourd.

Dans notre langue chaque son s'écrit de plusieurs manières, nous dit-on; n'en est-il pas de même dans beaucoup d'autres langues? Par exemple, le congrès de Dresde s'est réuni au pavillon du *Zwinger*; eh bien, je ne serais pas étonné que la vraie prononciation de ce mot fût celle-ci : *Zouingre.*

On dit que le sourd-muet qui cherche à lire sur les lèvres de l'interlocuteur ressemble à l'antiquaire qui veut rétablir le texte de l'inscription dont les caractères sont à moitié effacés. On attend le résultat du travail de l'antiquaire, pourquoi n'aurait-on pas un peu de patience pour le sourd-muet? Si le sourd-muet écrit incorrectement sa pensée, ne cherche-t-on pas à la surprendre à travers l'incorrection? Et n'a-t-il pas consacré quelques minutes à prendre du papier, une plume, de l'encre, ou bien à prendre un crayon, et puis à formuler sa pensée avant de la traduire sur le papier ou sur l'ardoise?

Les objections que l'on oppose à la possibilité de faire parler les sourds-muets rappellent les savantes dissertations de graves philosophes qui soutenaient qu'on ne parlerait point si le premier père n'avait entendu parler; que si l'on ne parlait point, on serait incapable de créer des mots et de convenir de leur signification, puisque la parole a été nécessaire pour établir l'usage de la parole. — Après avoir lu ces brillantes argumentations, un homme d'esprit disait : — Et si l'on ne créait pas des mots, on ne parlerait point! — C'est toujours la question des sophistes de l'antiquité : l'œuf a-t-il été créé avant la poule ? La poule est-elle arrivée avant l'œuf ? Ou bien c'est le raisonnement du forgeron Pancrace : pour faire un marteau il faut une enclume, et pour faire une enclume il faut un marteau.

Les graves discussions sur l'origine du langage n'ont point empêché que les gestes naturels du sourd-muet ne devinssent un langage au moyen duquel il est possible d'exprimer régulièrement les idées les plus abstraites.

C'est bien inutilement qu'on entasse des difficultés et des raisonnements pour faire échec à l'étude de la parole ; du moment qu'il est prouvé que la parole est rendue à plusieurs sourds-muets, on ne peut qu'applaudir aux efforts des instituteurs dont les soins intelligents, mais très-pénibles, obtiennent ce prodigieux résultat.

On se plaint du bruit qui se fait depuis quelque temps au sujet de prétendues découvertes en ce qui concerne l'instrument vocal. Les découvertes se bornent peut-être à des procédés qui n'apportent qu'une amélioration insignifiante. Néanmoins il est sage de ne juger qu'après avoir sérieusement examiné, et de faire ensuite comme saint Matthieu, c'est-à-dire d'apprécier l'arbre d'après la qualité du fruit. Si le fruit est bon, il ne faut pas le repousser, par ce motif qu'il n'est pas un produit de votre verger ; il ne faut pas le dédaigner non plus ; des amateurs peuvent l'apprécier à sa valeur, et dès ce moment votre injustice serait blâmée. Mais on peut être certain que la sympathie publique est acquise aux efforts des maîtres qui entreprennent de faire parler les sourds-muets, au moyen de procédés raisonnés, déjà éprouvés, et qui donnent des résultats indiscutables. Nous savons bien que quelques esprits fâcheux abusent de la parole contre la parole même que ces maîtres dévoués donnent aux malheureux qui en ont été fatalement privés. Ces maîtres doivent laisser dire, et se souvenir des remarques faites, il y a longtemps, par Court de Gebelin : « C'est, dit-il, par une suite de sa nature que l'homme parle, tout comme il marche par l'effet de ses organes. Les organes de sa voix sont à ses ordres, comme ceux qui lui servent à se mouvoir. » Ils se souviendront des réflexions de M. de Gérando sur les exercices d'articulation à l'usage des sourds-muets : « Si l'articulation ne conduit point aux idées elles-mêmes, elle y ramène comme instrument de rappel en vertu des associations établies ; elle permet au sourd-muet, dans une certaine mesure, de recueillir ce qui se dit, et de se faire entendre par les moyens employés par tout le monde ; il peut communiquer directement avec les autres hommes à table, à l'atelier, aux promenades. Ces communications seront restreintes ; le sourd-muet ne saisira point ces paroles fugitives qui, dans nos relations sociales, courent comme le vent, mais il parviendra à lire assez couramment sur les lèvres des personnes avec lesquelles il sera en rapport constant. »

Mais, des faits et des considérations qui précèdent, on ne saurait conclure que la parole peut et doit être enseignée à tous les élèves d'une école nombreuse, et que, dans ces écoles, la parole devrait être le principal moyen d'éducation, la base de l'enseignement. On admettra sans difficulté que, sous le rapport des dons intellectuels, les sourds-muets ne sont pas supérieurs à la généralité des enfants qui jouissent de l'ouïe et de la parole : or, dans une classe, à l'école primaire ou au lycée, deux ou trois élèves du groupe se montrent très-capables ; cinq ou six élèves à la suite ont une aptitude assez marquée à profiter des leçons du maître ; mais les autres enfants ne répondent que peu ou point à la sollicitude du professeur.

C'est en faveur des sourds-muets qui appartiennent à la catégorie des médiocres, que M. Hætzold, de Dresde, a demandé la création d'établissements spéciaux. L'examen de la proposition a été ajourné, mais le congrès a adopté la motion du même auteur, relative à l'instruction obligatoire pour les sourds-muets. A cette occasion, M. Wilczek, de Prusse, a rappelé que *beaucoup d'enfants faiblement doués* ne sont point, pour ce motif, admis dans les écoles de sourds-muets. Ainsi, la première conséquence de la méthode allemande est d'imposer aux instituteurs l'obligation de se montrer sévères sur les conditions d'admissibilité des jeunes candidats. De l'aveu même de quelques orateurs du congrès, les exclusions sont très-nombreuses.

Il n'en peut être autrement. On n'obtient des résultats vraiment satisfaisants, dans l'étude de la parole, qu'en soumettant l'élève à un exercice quotidien et presque incessant. La surveillance du professeur doit s'exercer sans relâche; ce maître doit avoir pour son élève cette passion qui envahit l'âme du médecin lorsqu'il veut rendre au malade les forces propres à éloigner la mort et à se rattacher vigoureusement à la vie. Une telle dépense de forces intellectuelles, morales et physiques ne saurait s'étendre efficacement sur un grand nombre de sujets; si puissante qu'on la suppose, l'énergie d'un maître a ses limites; et sa mission consiste à redresser tous les écarts de l'articulation et de l'émission de la voix, à surveiller les divers mouvements, à lever tous les obstacles, à initier en même temps l'esprit et le cœur de l'élève à la connaissance des choses et au sentiment des devoirs. Ce labeur, qui ne peut être fructueux qu'à la condition que l'élève prêtera aux efforts du maître le concours de sa propre volonté, exige un temps dont la durée est beaucoup plus longue que celle qui est généralement consacrée à l'instruction dans les établissements publics. Un maître consciencieux n'aura pas plus de dix élèves; passé ce nombre, la tâche dépasse ses forces.

Ce n'est pas tout : pour que ces dix élèves reçoivent les soins strictement nécessaires, il est indispensable que le professeur soit secondé, dans son travail, par les membres de sa famille, de telle sorte que les élèves fassent chaque jour, sur place, l'échange des paroles qui ont cours dans la vie ordinaire.

Qui pourrait dire que ces conditions ne sont pas essentielles pour rendre réellement la parole aux sourds-muets? Si ces considérations sont admises, on ne demandera point à un établissement, peuplé de cent à deux cents sourds-muets, à celui-là particulièrement qui accueille tous les candidats, les idiots ou les malsains exceptés, d'adopter l'articulation comme but principal ou comme base de son enseignement, même avec le concours auxiliaire des signes.

Si, au sujet des moyens employés pour l'instruction des sourds-muets, l'on veut bien examiner avec nous l'état actuel des choses en France et en Allemagne, on reconnaîtra sans peine que la différence des procédés est assez restreinte. Il est bien entendu que nous comprendrons dans le programme allemand, les modifications que le congrès de Dresde a adoptées, et que nous comparerons ce programme, ainsi modifié, avec celui qui est suivi à l'Institution nationale des sourds-muets de Paris.

Nous ne mentionnons que pour mémoire le *Cours d'instruction religieuse* et le *Cours de morale, de maintien et de devoirs dans le monde*. En Allemagne, une conférence religieuse est faite dans plusieurs réunions de sourds-muets, par des professeurs et des pasteurs. Il y a lieu de supposer que le langage des signes est seul employé dans ces entretiens.

En 1832, le conseil d'administration de l'Institution de Paris décida, sur un rapport de M. de Gérando, que les prières seraient faites en commun : c'était impraticable.

A cette occasion, M. le comte Alexis de Noailles dit à ses collègues : « Vous voulez faire parler les sourds-muets; mais Dieu ne le veut pas ! »

En réalité, Dieu permet aujourd'hui que les sourds qui ne sont pas tout-à-fait muets et les sourds complétement muets qui se montrent vraiment intelligents, expriment par la parole la pensée qu'ils conçoivent et qu'ils pourraient traduire par l'écriture.

L'instruction scolaire, à l'Institution de Paris, comprend le cours élémentaire, le cours primaire et le cours complémentaire.

Le *Cours d'instruction élémentaire* initie les jeunes sourds-muets aux premiers principes de la grammaire.

Le *Cours d'instruction primaire* enseigne à faire une application plus étendue de ces principes.

Le *Cours d'instruction complémentaire* a pour but d'exercer les élèves à penser dans la langue de la nation. Les communications entre le professeur et les élèves, et réciproquement, ont lieu à l'aide de l'écriture et de la phonomimie, exclusivement; le langage des signes y est rigoureusement interdit. Dès son admission à ce cours de perfectionnement des études, l'élève commence à faire emploi des moyens de communication en usage dans la société générale.

Les *Cours de répétition* ont un programme spécial, approprié au degré d'intelligence des élèves incapables de suivre utilement le cours normal.

Des classes correspondantes ne sont pas établies dans les écoles d'Allemagne ; une proposition a été faite au congrès de Dresde pour la fondation d'écoles destinées à l'instruction des enfants dont l'intelligence est faible. Nous exposerons plus loin les motifs pour lesquels, à notre avis, il serait préférable que les enfants de cette catégorie fussent placés dans l'institut ordinaire (1).

Quant au *Cours d'articulation*, nous rappellerons d'abord les protestations de M. Studen, de Minden, contre la tendance de quelques instituteurs à faire exhibition de quelques enfants exceptionnellement doués, afin de faire croire au mérite de la méthode. Les maîtres qui, à l'école du village, au pensionnat ou au lycée, ont dirigé les premières études de ceux de leurs élèves qui sont devenus grands orateurs, littérateurs de génie, ou artistes célèbres, sont loin d'attribuer à leurs procédés d'enseignement la supériorité de ces intelligences. Mais ils peuvent, à bon droit, se montrer satisfaits de ce que, dans les classes qu'ils dirigent, l'acquisition des connaissances préliminaires qui doivent servir de base à l'étude ultérieure des professions diverses, s'étend au plus grand nombre possible de leurs élèves. Sous ce rapport, Dieu merci, l'Institution nationale des sourds-muets de Paris n'a rien à souhaiter.

L'école de Paris enseigne la parole, non pas à tous les sourds-muets, mais à ceux des élèves qui ont déjà parlé,

(1) V. page 90.

qui ont un certain degré d'audition, ou qui, venus au monde, étant privés de l'ouïe, se montrent désireux de parler, et font preuve à la fois d'intelligence et de bonne volonté. Sur un nombre de plus de deux cents élèves, environ soixante reçoivent des leçons d'articulation ; ce chiffre est un peu au-dessous du tiers, mais au-dessus du quart de la population totale. Le choix des aptitudes est fait dans l'intérieur de l'établissement, quelques jours après l'entrée définitive des candidats. En Allemagne, au contraire, la présomption des bonnes qualités est indispensable pour décider l'admission des jeunes sourds-muets ; aussi le nombre des élus est très-limité. Aux enfants d'abord éconduits vont se joindre ceux des sourds-muets provisoirement accueillis, mais qui n'ont pas réalisé les espérances de la première épreuve.

Avant de conclure, nous devons examiner le second moyen d'instruction, c'est-à-dire le langage des signes.

VIII.

Méthode française. — Le Langage des Signes.

Quand le travail de développement des gestes naturels du sourd-muet sortit des conceptions de l'abbé de l'Epée, plusieurs des signes furent reconnus défectueux : les uns, n'étaient pas suffisamment déterminés, les autres étaient arbitraires. Ils furent modifiés, et bientôt on fut en possession d'un langage élégant, énergique, et présentant une flexibilité telle, que le sourd-muet pouvait désormais saisir facilement les nuances du style le plus imagé.

Les professeurs allemands connaissent peu ce langage. Plusieurs écoles ont interdit les gestes ; mais lorsque des professeurs se trouvent incapables de se faire comprendre au moyen de la parole, ils emploient des signes peu intelligibles : c'est ce qui résulte de la lecture du compte-rendu du congrès ; les orateurs ont avoué que les professeurs éprouvent des difficultés absolues pour se mettre en communication avec leurs élèves ; et ils ajoutent que lorsque la nécessité les presse, ils inventent des gestes *comiques*. Voilà donc un fait : les instituteurs allemands connaissent fort peu les ressources du langage des signes tel qu'il a été formé, modifié, perfectionné et définitivement établi par le concours des élèves et les maîtres des institutions nationales de Paris et de Bordeaux. Sur quoi donc se fondent-ils pour affirmer que ce langage est impuissant à exprimer les idées et les sentiments de l'ordre intellectuel et de l'ordre moral; pour affirmer qu'au sortir de l'Institution, les élèves ne peuvent communiquer avec les parlants qu'au moyen des signes que précisément les parlants, en général, ne comprennent point? Ils viennent d'exprimer implicitement l'opinion que ce langage ne convient qu'aux intelligences médiocres, lorsqu'ils ont demandé que des écoles, dans lesquelles l'instruction serait donnée au moyen des signes, soient ouvertes en faveur des sourds-muets reconnus incapables de suivre les cours ordinaires dans les instituts.

Décidément, les instituteurs allemands paraissent ignorer que, loin d'être un but dans l'enseignement, le langage des signes n'est qu'un instrument dont l'usage diminue à mesure que l'élève entre en possession de la langue nationale. Quelques-uns des procédés d'enseignement de l'école de Paris, semblent avoir été inspirés par les conseils qu'un homme érudit adressait jadis aux instituteurs de son temps. — « Autrefois, disait-il, la jeunesse, détenue durant plusieurs années dans les établissements d'instruction, était surchargée d'une infinité de préceptes de grammaire, longs, embrouillés, obscurs, et pour la plupart inutiles : *c'était la première croix!* Après ces épreuves préliminaires, on la gorgeait, on la farcissait (*effarciebatur*), si l'on peut s'exprimer ainsi, des noms de choses sans les choses mêmes, c'est-à-dire qu'on ne lui montrait ni les choses que ces mots devaient exprimer (afin que l'impression en fût plus aisée et plus ferme, et que l'utilité de cette impression fût plus évidente), ni la liaison des mots qui est propre à chaque langue. *Car, puisque les mots sont signes des choses, si l'on ne connaît pas les choses, que signifieront les mots ?* Qu'un enfant sache réciter un million de mots, s'il ne sait pas les appliquer aux choses, à quoi lui servira ce grand appareil ? Celui qui s'imagine qu'avec des mots isolés il sera possible de former un discours, peut croire de même qu'on pourra lier le sable en gerbes, ou dresser un mur de moellons sans employer la chaux (1). »

Montaigne disait de l'écolier : Voyez-le revenir après quinze ou seize ans employés à l'étude... Il en devait rapporter l'âme pleine, il ne l'en rapporte que bouffie. »

Les orateurs du congrès, qui ont proposé l'ouverture d'écoles affectées exclusivement aux sourds-muets dont l'intelligence est faible, n'ont pas tenu compte d'un fait qui se produit à la fois parmi les parlants et parmi les sourds-muets. Aux villages les plus éloignés des grands centres d'affaires, les habitants communiquent entre eux au moyen d'un dialecte, dérivé sans doute de la langue générale, mais souvent incompréhensible pour les personnes qui parlent correctement. Plusieurs de ces villageois sont

(1) *Comenii janua linguarum.* — Ad lectores eruditos præfatio, §§ 4 et 5.

allés à l'école, où leur intelligence s'est montrée rebelle à l'étude de la langue nationale ; à leur retour au logis, ils ont oublié le peu de choses qu'ils avaient apprises. Ces hommes, néanmoins, font preuve d'aptitudes très-vives dans les affaires, dans les transactions, et quelques-uns d'entre eux conquièrent une position légitimement due à la sagesse de leurs combinaisons. Cela s'explique : s'ils étaient intellectuellement bien doués en venant au monde, leurs relations, au moyen du dialecte, avec des compatriotes instruits, expérimentés, ont concouru au développement de leurs facultés.

Il en est de même à l'Institution nationale de Paris : on y remarque un très-petit groupe de sourds-muets sur l'intelligence desquels les leçons du professeur sont peu productives. Ces élèves passent à l'atelier une partie de la journée; quand vient l'heure de l'étude scolaire, ils s'efforcent d'acquérir quelques notions en classe ; mais nous l'avons dit, ils ne réussissent guère. Cependant ils s'instruisent en fréquentant leurs camarades notoirement instruits : en général, impuissants à exprimer clairement leur pensée au moyen de l'écriture, ils parviennent à connaître les choses générales de la vie, grâce à ces entretiens chaque jour renouvelés et qui se produisent par les gestes. Si ces jeunes gens n'avaient à côté d'eux que des sourds-muets incapables, ils seraient privés de l'avantage qui résulte pour eux des causeries quotidiennes avec des élèves intelligents.

Du reste, les membres du congrès ont reconnu que l'emploi des signes permet aux professeurs (non sourds-muets), d'éveiller chez les enfants la faculté de compréhension, qu'elle facilite l'étude et hâte le développement de l'intelligence ; qu'à défaut de ce concours, le travail de l'instruction est plus pénible et les progrès sont plus lents. Devant ces motifs, le congrès, voulant combler une aussi grande lacune dans l'enseignement, a décidé :

Premièrement, que les directeurs des instituts n'admettront aux fonctions de professeur que ceux des aspirants qui se montreront habiles dans le langage des signes ; et qu'à cet effet, les candidats se mettront en rapports fréquents avec les sourds-muets adultes ;

Deuxièmement, que les professeurs se familiariseront avec ce langage en assistant assiduement aux réunions des sociétés de sourds-muets ;

Troisièmement, enfin, qu'on recrutera des candidats au professorat parmi les sourds-muets intelligents, de telle sorte que deux sourds-muets au moins soient compris dans le personnel des maîtres de chaque institut.

Au sujet de la candidature de sourds-muets aux fonctions de professeur, deux orateurs ont présenté quelques observations.

M. Brackmann, de Naumbourg, a fait remarquer à l'assemblée qu'il ne s'agissait que de *relever la situation intellectuelle* des sourds-muets dans la société ; il demandait par conséquent que, *même isolément*, le vœu formulé par la motion pût être réalisé.

M. Lœw, de Brünn, a dit qu'à son avis, les sourds-muets ne peuvent *enseigner complètement seuls*, en d'autres termes, qu'ils ont besoin d'être guidés par des professeurs qui jouissent de l'ouie et de la parole. Il a insisté sur la nécessité de rétablir l'emploi du langage des signes, qui est la *langue maternelle* des sourds-muets.

La proposition relative à la candidature des sourds-muets pour l'emploi de professeur, a vivement impressionné l'assemblée. Le compte-rendu fait connaître qu'au moment du vote, tous les délégués se sont levés et ont acclamé la proposition qui a été adoptée à l'unanimité.

MM. les professeurs allemands savent, comme nous, que les premiers gestes des sourds-muets sont grossiers et peu nombreux. Ces gestes furent le germe du langage que l'abbé de l'Épée a créé, que les professeurs de l'école de Paris, à sa suite, ont perfectionné, et qui, tel qu'il est formé aujourd'hui, se plie à toutes les combinaisons de la pensée. Ce langage est celui de tous les sourds-muets en France ; les sourds-muets instruits en transmettent les formes diverses et éminemment régulières à leurs frères d'infortune qui ne sont pas allés à l'école.

Comme durant plusieurs années, ce langage a été rigoureusement interdit dans plusieurs écoles d'Allemagne, il est possible que les aspirants au professorat ne trouvent d'abord auprès des sourds-muets adultes qu'un langage informe, quelquefois même un patois qui n'est compris que du groupe des sourds-muets habitant une zone déterminée. Mais l'intelligence et le dévouement dont les membres du congrès, réunis au pavillon du Zwinger (1) ont donné tant de preuves, préviennent toute crainte : MM. les professeurs allemands accompliront, dans l'intérêt des sourds-muets de leur pays, ce que l'abbé de l'Épée et les instituteurs qui ont continué son œuvre à Paris et à Bordeaux, ont réalisé en faveur des sourds-muets de toutes les nations. C'est au moyen de ce langage que, dès le début de l'enseignement, ils entreront en communication intime avec leurs élèves et les initieront sans difficulté aux règles et à la pratique de la langue générale qui, seule, peut mettre les sourds-muets en relation avec les autres hommes. Les instituteurs allemands ne permettront pas que les jeunes maîtres façonnent une mimique sur la syntaxe de la langue nationale ; le congrès a décidé qu'afin de se familiariser avec le langage des gestes, lequel est essentiellement idéologique, les aspirants au professorat fréquenteraient assidûment les sourds-muets les plus intelligents.

L'étude du langage mimique serait singulièrement facilitée, si les jeunes maîtres pouvaient consulter un dictionnaire des signes ; malheureusement les essais de

(1) Autrefois, le terrain sur lequel a été édifié le Palais du Zwinger était affecté à une chasse ; on y forçait le gibier : le mot *Zwinger* signifie *le forcer*.

mimographie tentés jusqu'à ce jour sont très-incomplets. Dans le langage des gestes il faut avoir l'idée d'ensemble de la proposition qu'on veut formuler, et non chercher à construire le discours au moyen de signes correspondant aux mots qui viennent se ranger selon les prescriptions de la syntaxe; la pensée, en effet, se peint, non pas suivant l'ordre conventionnel de nos discours, mais suivant l'ordre que les idées observent en se succédant. On attend toujours un bon dictionnaire; il n'a pas paru, parce que les difficultés ont effrayé les meilleurs esprits; la parole est quelquefois impuissante à décrire un signe; quelquefois aussi un signe ne devient intelligible qu'avec le secours d'une comparaison. Quoi qu'il en soit, il n'est pas impossible de fixer sur le papier la représentation des mouvements et des positions dont le langage mimique se compose, bien que les travaux entrepris dans ce but se soient bornés, les uns, à réveiller les idées propres à faire connaître la signification des mots; les autres, à indiquer les mouvements du corps sans mentionner les éléments des signes; ceux-ci, à préciser le caractère dominant de chaque geste, pour servir la mémoire; ceux-là, enfin, à décrire les signes d'objets appartenant au domaine matériel.

Telles sont les réflexions que nous avons voulu faire devant le lecteur au sujet des deux méthodes. Nous complétons notre travail en présentant ci-après l'analyse des principales opinions qui furent émises par l'Académie de médecine, en **1847**, non-seulement sur les procédés d'instruction des sourds-muets, mais encore, et surtout, sur la question de savoir si la guérison de la surdi-mutité est possible.

IX.

L'Académie nationale de Médecine de Paris. — Causes de Surdi-mutisme. La Surdi-mutité est-elle guérissable?

L'Académie de médecine a été quelquefois priée d'apprécier les résultats de certains procédés d'instruction à l'usage des sourds-muets. Ses commissions, naturellement conduites à comparer la méthode française avec la méthode allemande, ont le plus souvent répété ce qui a été écrit par les principaux instituteurs de l'école de Paris, ou ce que les professeurs de l'Institution nationale exposent chaque jour aux personnes qui les consultent sur une question d'enseignement, Mais les discours des représentants de la savante compagnie ont toujours présenté le plus grand intérêt lorsqu'il s'est agi de l'examen des questions relatives à la possibilité de guérir l'infirmité de surdi-mutisme.

Nous donnons ci-après l'analyse très-succincte des principales considérations concernant l'instruction des sourds-muets :

..... Le rôle de la parole est bien restreint. On doit apprendre autant que possible le moyen de communiquer oralement ; mais le sourd parleur, rentré dans la société, se sert très-rarement de la parole.

On a souvent admiré la facilité des enfants à apprendre

à parler (il s'agit ici des enfants qui jouissent de l'ouïe); ils n'ont pas de maître, ou plutôt ils ont autant de maîtres que de parlants. Les paroles qu'on leur adresse ne sont rien à côté de celles qui flottent à leurs oreilles; ils les saisissent au vol et les répètent à l'occasion, de manière à vous confondre.

Pour instruire le sourd-muet par la parole, il faudrait, après lui avoir attaché les bras afin de l'empêcher de faire des signes, lui apprendre à parler; et, dès qu'il saurait lire, lui faire connaître la valeur de chaque mot; mais comment y arriver sans le secours des signes?

On parle des instituts d'Allemagne : or, il n'y en a que deux où l'on n'emploie pas les signes, et si l'on examinait les mains des professeurs et des élèves, on distinguerait les gestes. Nous avons à Paris des sourds-muets instruits par la méthode allemande; sous le rapport de l'instruction, ils sont au-dessous des élèves de l'Institution de Paris.

Quand il faut se donner tant de mal pour entendre, on cesse d'écouter, et la peine d'écouter éteint jusqu'au désir de parler.

Pour tomber dans le mutisme, il n'est pas nécessaire d'être né sans oreilles; des enfants doués de tous leurs sens et ayant, par accident, perdu la faculté d'entendre, se sont déshabitués de la parole.

Il n'en est pas de l'ouïe comme des autres sens. Considérez la vue : ses services sont en proportion de son étendue; mais, quelque faible qu'elle soit, elle est encore fort utile. Si elle ne distingue pas les petits objets, elle distingue les gros; si elle ne permet pas de lire, elle sert à vous conduire. De même pour l'odorat, le goût et le toucher.

Mais l'oreille se trouve dans une position toute particulière, à cause de sa liaison avec la parole: placée à la porte de l'intelligence, elle transmet la parole que la voix répète comme un écho; il y a là un admirable concert, et pour y jouer son rôle, elle a besoin de toute sa perfection, sinon elle ne sert presque de rien, elle est perdue pour la parole. Comment la bouche pourrait-elle répéter ce que l'oreille n'entend pas?.....

Un argument fort inattendu intervint au milieu de la discussion :

— Si le sourd-muet ne parle pas parce qu'il n'entend pas, fit remarquer un orateur, pour le faire parler il faut le faire entendre. Rendez l'ouïe au sourd-muet, il parlera *de lui-même.*

Un invalide aurait pu répondre :

— Je marcherais et je verrais *de moi-même,* c'est-à-dire sans l'aide d'une jambe de bois et sans le secours de lunettes, si l'honorable interrupteur voulait me rendre les yeux de la vingtième année et la jambe qu'un boulet m'enleva un jour de bataille.

Mais il n'y a point d'invalide à l'Académie de médecine, et l'argument dont le *boute-hors* n'eut pas déplu à Montaigne, n'aurait pas été relevé, si le docteur Ménière n'eût, un jour, examiné la question suivante :

La guérison de la surdi-mutité est-elle possible?

Voici l'analyse de ce travail :

« On procède d'abord par le fait : on a guéri des sourds-muets ; des auteurs dignes de foi rapportent des observations tout-à-fait probantes ; on peut donc dire : oui, la guérison de la surdi-mutité est possible.

» Cependant, les histoires de guérison relatées dans des ouvrages déjà anciens, ne sont pas toujours entourées de garanties sérieuses ; rarement il est dit : *j'ai vu!* On tient le fait d'un témoin oculaire, ou l'histoire a passé par plusieurs bouches : on peut donc élever des doutes sur la réalité de l'événement.

» Autrefois, on ignorait entièrement les procédés à l'aide desquels on peut arriver à un diagnostic précis de la surdi-mutité et d'une maladie quelconque, et l'on disait : Cet enfant n'entend pas la voix, il ne parle pas ; donc il est sourd-muet. Et quand cette oreille, que l'on croyait fermée à tout jamais, venait à s'ouvrir naturellement ou à la suite de quelques manœuvres heureuses, on criait au miracle.

» Le docteur Itard a eu une connaissance plus précise des conditions matérielles de la surdi-mutité. Depuis Itard, on apprécie plus rigoureusement les procédés thérapeutiques des agents employés comme médicaments, mais on est devenu plus circonspect à mesure que l'on est devenu plus habile ; les prodiges ont disparu, les cas rares sont devenus plus rares, et nous croyons qu'on finira par n'en plus rencontrer.

» L'opinion d'Itard est que la *surdité de naissance* ou *acquise dans l'enfance* ne dépend pas de causes différentes de celles qui produisent la surdité chez les adultes. Or, il s'agit ici d'une imperfection organique primitive, ou si l'on veut d'un arrêt de développement, d'une absence de sensibilité spéciale; le nerf acoustique n'est pas apte à remplir sa fonction, à recevoir une impression sonore, ou, comme l'a dit M. Gerdy, le cerveau, qui seul perçoit et juge, n'est pas convenablement disposé pour faire l'un ou l'autre de ces offices.

» Supposez que cet état d'imperfection primitive soit héréditaire (les exemples ne sont pas rares), et on aura une raison de plus pour regarder cette forme de surdité comme une chose spéciale ne tenant à aucune des lésions matérielles qui se produisent chaque jour sous l'influence des modificateurs ordinaires de nos organes.

» Ce n'est pas tout: parmi les sourds-muets de naissance, un grand nombre doivent leur infirmité, non plus à une absence de sensibilité auditive, mais à des lésions cérébrales qui ont précédé la naissance elle-même. On retrouve dans les souvenirs de la mère, dans les circonstances de l'accouchement, dans les premières phases de la vie, des accidents qui mettent sur la voie d'une maladie du fœtus ou du nouveau-né, et là encore il est difficile de rien signaler qui ressemble aux affections ordinaires des oreilles.

» Les convulsions, quelle que soit la valeur qu'on donne à ce mot, jouent un grand rôle dans la production de la surdité des enfants. Niera-t-on que le fœtus puisse en être atteint, que certains enfants naissent avec des lésions organiques, cérébrales ou autres, qui sont la cause ou le résultat manifeste d'un grand trouble dans les fonctions du système nerveux cérébro-spinal? La plupart des vices de conformation se rattachent à ces maladies du cerveau, du cordon rachidien ou des nerfs, et sur ce point, nous ne pouvons mieux faire que d'invoquer les travaux étiologiques de M. Jules Guérin. Dans bien des cas, la surdité congénitale est placée sous la dépendance d'une maladie cérébrale, reconnaissable encore à la forme du crâne, à son volume excessif, à sa diminution de capacité; circonstances qui indiquent un mal ancien. Souvent on constate chez des enfants de six mois une ossification complète des parois du crâne, l'absence de toute fontanelle, une microcéphalie due à quelque inflammation des méninges. Les enfants hydrocéphales sont souvent affectés de surdité; la compression du cerveau, en quelque sens qu'elle ait lieu, produit des résultats analogues : il s'agit toujours d'une lésion grave contre laquelle la science est désarmée.

» Beaucoup d'enfants nouveau-nés éprouvent des convulsions; plus tard, ils deviennent sourds; que s'est-il passé? Les médecins-accoucheurs ou s'occupant plus particulièrement des maladies de la première enfance, disent que ces mouvements convulsifs sont le produit d'une irritation cérébrale ou d'une phlegmasie; d'autres n'y voient qu'un désordre fonctionnel dont la cause matérielle est insaisissable. Et comme on s'aperçoit bientôt que ces enfants n'entendent pas, il faut bien admettre que là est la cause de la surdité à laquelle ils sont condamnés.

» La maladie qui s'observe chez les adultes n'est pas de même nature. Le cerveau du nouveau-né ne ressemble pas à celui d'un homme de quarante ans. Quel que soit le phénomène morbide qui se passe dans le crâne, congestion, irritation, phlegmasie, cet organe pulpeux appelé tout-à-coup à présider à des fonctions qui ne dépendent plus de la mère, devient, par cela même, singulièrement disposé à des troubles que sa texture délicate rend plus dangereux qu'à toute autre époque de la vie : certaines fonctions, d'un ordre plus relevé, ayant pour conditions physiques des organes d'une structure plus compliquée, l'oreille interne, en un mot, y compris le nerf acoustique, éprouvent facilement des atteintes qui donnent lieu à l'abolition complète du sens auditif.

» Voilà pour ce que l'on nomme surdité de naissance, surdité primitive, essentiellement nerveuse, avec absence de toute lésion appréciable. Ces convulsions, si communes au début de la vie, se rencontrent surtout dans la première ou dans la seconde année, à l'époque de l'évolution dentaire, au moment du sevrage, quand le mode d'alimentation est changé sans réserve, sans prudence, quand, sous l'influence des indigestions, le cerveau se congestionne et donne lieu à des désordres nerveux, si graves.

» Ici s'observe un genre de surdité qui diffère des autres formes de cette maladie. — L'enfant frappé de convulsion perd connaissance, reste plus ou moins longtemps dans cet état, revient à lui; tout paraît terminé. On oublierait bientôt ce danger, si, plus tard, on ne remarquait que l'enfant cesse d'entendre, perd peu à peu l'usage de la parole, et prend les allures d'un vrai sourd-muet. On cherche la cause de ce malheur : la gourme supprimée; — une chute sur le front; — une fièvre éruptive avortée; — une rétrocession de rougeole. Suppositions gratuites! Certaines convulsions du jeune âge entraînent facilement la perte de l'ouïe, maladies fréquentes à l'époque de la naissance et durant les deux années qui suivent.

» Les maladies cérébrales, consistant en une inflammation des méninges, surtout de la base de l'organe et de ses cavités intérieures, donnent lieu à des mouvements convulsifs, à un état comateux qui se terminent souvent par la mort. Quelquefois, la guérison arrive, mais le petit malade reste hébété; il ne sait plus marcher, il a perdu la mémoire, et bientôt on constate qu'il n'entend plus.

» Ce que l'on désigne dans le monde sous le nom de *fièvre cérébrale* est encore une des causes les plus directes de la surdité, la source la plus féconde de cette infirmité; cette maladie diminue de fréquence à mesure que l'on avance en âge ; chez les adultes, elle donne lieu moins souvent à la perte de l'ouïe, parce que le cerveau est moins impressionnable et résiste mieux aux atteintes de l'inflammation, parce que sa texture plus ferme ne suppure pas aussi facilement, et que le nerf acoustique, qui participe à ces modifications favorables, n'est pas altéré ou détruit par l'état morbide qui se développe dans le crâne.

» Plus tard survient une affection grave qui produit quelquefois l'abolition de l'ouïe : *la fièvre typhoïde*, qui se complique souvent de lésions cérébrales sympathiques ou autres. Quand la convalescence s'établit, l'ouïe ne se relève pas, et la surdité, qui n'était qu'un des phénomènes de la maladie débutante, persiste en dépit des traitements les plus énergiques.

» Les maladies de l'oreille moyenne, quelle qu'en soit la cause, ne donnent jamais lieu à une surdité complète ; il faut toujours que la portion labyrinthique soit atteinte pour déterminer la cœphose absolue, car les altérations les plus graves du tympan de la caisse ne détruisent pas l'ouïe quand le nerf acoustique reste intact. C'est pour avoir méconnu cette vérité, que tant d'erreurs de pronostic ont été commises ; — *c'est la véritable cause de ces guérisons phénoménales proposées à la crédulité du public, grand admirateur des choses impossibles.*

» La surdité de naissance, celle du nouveau-né et celle qui survient durant les deux premières années de la vie, tient à une absence primitive d'innervation, ou à la destruction de la sensibilité nerveuse de l'appareil acoustique. Cette surdité a pour conséquence le mutisme, et diffère, sous beaucoup de rapports, des diverses espèces de surdité que l'on observe chez l'adulte. »

Nous n'avons pas besoin d'insister sur l'importance du travail de **M. Ménière**; mais nous éprouvons une très-vive satisfaction à faire savoir que le savant docteur a exercé les fonctions de médecin de l'Institution nationale des sourds-muets de Paris, depuis l'année **1838** jusqu'à l'année **1862**, et qu'il fut le successeur immédiat du docteur Itard.

M. Ménière a fait connaître également ses vues sur les moyens employés pour instruire les sourds-muets; nous les résumons ainsi qu'il suit :

En ce qui concerne le mode d'éducation qui convient le mieux aux sourds-muets, l'Académie a beaucoup entendu parler des méthodes française et allemande; cette dernière a trouvé de chauds défenseurs..... Les arguments fournis par les partisans de chacun de ces systèmes d'éducation sont-ils de nature à entraîner une conviction ? Nous croyons qu'il faut conserver ces deux modes d'instruction : plus on aura multiplié ces ressources, plus les sourds-muets auront à s'en applaudir.

A Zurich, on renvoie les gosiers réfractaires; en Allemagne, on élimine les sujets dont on ne peut rien obtenir. Les hommes les plus compétents disent que, parmi les sourds-muets de naissance, on trouve rarement quelques enfants capables d'articuler certains mots; qu'il en est de même parmi ceux qui ont perdu l'ouïe dans les premières années et qui n'avaient pas appris à parler; que les succès ne se voient que parmi ceux qui sont devenus sourds plus tard, lorsqu'ils savaient déjà parler, lorsque leurs organes se trouvaient dans les meilleures conditions pour continuer un exercice qui leur était en quelque sorte familier.

A l'Institution de Paris, où les élèves n'entrent qu'après dix ans révolus, il faut rechercher ceux qui conservent un peu d'audition, ceux qui ont su parler, qui parlent encore, et leur donner une éducation qui se rapproche davantage de la méthode allemande. Mais tout en perfectionnant ces facultés précieuses, il ne faut pas se borner à ce genre d'instruction, car il se trouvera des circonstances où le sourd-muet aura besoin d'autre chose.

Le langage mimique fournissant plus d'idées, est une ressource précieuse. La dactylologie n'est pas non plus à dédaigner, car cette écriture en l'air supplée à l'imperfection de la parole.

Les enfants tout-à-fait sourds, chez qui la perte de l'ouie est congéniale ou à peu près, qui n'ont jamais entendu parler, ne peuvent être condamnés à l'articulation : on leur prodiguera l'enseignement mimique et l'écriture, tout en essayant d'y joindre les rudiments de l'articulation et de la lecture sur les lèvres.

Dans une famille il peut se rencontrer un sourd-muet intelligent, heureusement organisé sous tous les rapports. Le précepteur particulier de cet enfant pourra tenter une de ces éducations exceptionnelles qui parviendra à rétablir la parole et à donner la lecture sur les lèvres.

X.

Le bon maître.

A l'opinion émise par le docteur Menière nous devons répondre d'abord en citant les paroles suivantes de M. Franck, de l'Institut (1) :

« Nous n'oublions pas le rôle que joue dans l'instruction » de la jeunesse et particulièrement dans celle des » sourds-muets, *l'influence personnelle des maîtres.* Nous » savons que le meilleur système peut rester stérile entre » des mains inhabiles ou nonchalantes, et qu'au contraire, » il n'y en a pas de si vicieux qu'à force de zèle et de » patience on ne parvienne à corriger dans la pratique. »

Les orateurs du congrès de Dresde ont bien compris l'influence dont parle l'éminent académicien, et l'on ne peut qu'applaudir aux chaleureuses et paternelles exhortations que M. Studen, de Minden, M. Borg, de Stockholm, et plusieurs autres membres de l'assemblée ont adressées aux instituteurs des sourds-muets. Ils ont tracé les devoirs du professeur en général, et déterminé les qualités qui font le bon maître.

(1) En 1856, le Ministre de l'Intérieur avait soumis au jugement de l'Institut des méthodes qui sollicitaient plus particulièrement son approbation, en invoquant à la fois leurs principes et leurs services. — L'Institut forma une Commission dont faisaient partie MM. Dumas, Jomard, Franck, Nisard. — M. Franck rédigea le rapport (*Revue européenne*, n° du 15 juillet 1861).

Avant de faire du sourd-muet un savant, il veut en faire un homme ; avant de lui apprendre la géographie et l'histoire, il l'habitue à exprimer correctement sa pensée et à saisir la pensée d'autrui. Quelle tâche pour le professeur, et quel labeur pour l'élève ! Tandis que le sourd-muet s'efforce d'apprendre des milliers de phrases qui arrivent toutes faites à l'oreille de l'entendant, et à se servir à propos de ces phrases et de nombreux idiotismes, le professeur dépense toute son énergie pour expliquer une abstraction, pour composer des scènes, pour lier, par des représentations sensibles, la pensée et la phrase. La connaissance des mots et l'art de les employer, voilà le grand travail de la méthode ; aussi, l'étude de la langue nationale est la partie importante de l'instruction du sourd-muet.

Les honorables délégués du comité ont raison : le bon maître honore sa fonction autant par sa bonne conduite, sa bonté et l'élévation de ses sentiments, que par son intelligence et son savoir. Il veut être le guide et l'appui du sourd-muet, et il cultive ses facultés intellectuelles avec la sollicitude dont une mère entoure les premiers efforts de l'esprit de son enfant. En classe, les petites phrases qu'il écrit pour lui sur le tableau ne renferment pas seulement une pensée morale ; elles contiennent encore la réponse que l'élève doit faire et qu'il découvrira, s'il la cherche résolument. L'élève ne répond pas toujours bien, parce qu'il est distrait ; en ce cas, le maître emploie tous les moyens dont il dispose pour fixer l'attention de l'enfant : il encourage sa patience, récompense sa docilité, et se montre toujours très-disposé à répondre à toutes ses questions.

Jamais il n'a recours aux châtiments corporels. Il dirige l'instruction de manière à ce que l'élève n'apprenne que peu de choses à la fois, et les apprenne bien. C'est avec des marques d'affection qu'il conduit le raisonnement de cette jeune intelligence, qu'il l'exerce à voir et à aimer le bien, à reconnaître et à détester le mal. Ainsi se fortifie de jour en jour l'instinct moral de l'enfant : car la sagesse est un travail, et l'on ne devient raisonnable qu'au prix d'efforts longtemps soutenus.

Ces soins constants arment le sourd-muet pour les combats de la vie. Naïf et très-confiant en lui-même, il ne se doute pas du grand nombre d'écueils que la jeunesse rencontre au sortir de l'école. Heureux s'il se souvient alors des avertissements qu'il a reçus, et s'il recherche la société des hommes vraiment capables de le maintenir dans la bonne voie ! Trop souvent, hélas ! semblable au fils d'Ulysse, il a d'abord horreur de tout ce qu'il aperçoit, et commence bientôt à s'y accoutumer. Tant de forces l'entraînent ! Ici, on se moque de son innocence; là bas on excite ses passions; le malheureux finirait par avoir une fausse honte de la vertu, si le souvenir des préceptes religieux ne venait soudain lui rappeler que Dieu, qui le regarde, est plein de mansuétude devant le repentir sincère, et que l'homme, après une défaillance de quelques instants, peut redevenir fort, s'il le veut.

Le bon maître n'oublie jamais que la religion est le soutien de la morale, et que la morale doit venir en aide à la religion ; que le sentiment religieux est un mobile tout puissant pour que l'âme se complaise dans le bien ; que l'âme, en se développant, ne s'ennoblit que sous l'influence des bons exemples domestiques ; enfin, que « les principes se respirent plutôt qu'ils ne s'apprennent (1). »

(1) M. Eug. Géruscz. — *Essais d'hist. litt.*, 1853.

XI.

RÉSUMÉ.

Nous avons dit :

— Que l'instruction du sourd-muet au moyen d'un enseignement ayant à sa base la parole est possible, aux cas et aux conditions que nous avons déterminés ;

— Que dans une école formée d'un grand nombre d'élèves, l'enseignement doit avoir à sa base le langage des signes ;

— Que les instituts allemands n'accueillent que ceux des sourds-muets qui présentent les qualités sans lesquelles l'instruction par la parole ne saurait produire de bons résultats ;

— Que les institutions nationales des sourds-muets en France reçoivent indistinctement tous les candidats (les idiots et les malsains exceptés), et enseignent la parole à ceux des élèves qui sont reconnus capables de suivre utilement le cours d'articulation ;

— Que plusieurs élèves de l'école de Paris, qui n'ont pas été exercés à la parole, se sont distingués et se font remarquer tous les jours par leurs travaux pédagogiques, artistiques, industriels ;

— Que le congrès de Dresde (1) vient de reconnaître la nécessité de l'emploi du langage des signes dans les instituts allemands, et a renvoyé au comité la proposition de M. Naglo, de Berlin, relative à l'introduction du langage des signes *exclusivement.*

Si, à la prochaine réunion, les honorables délégués du comité achèvent l'œuvre si bien commencée, la mémoire de l'abbé de l'Epée et la mémoire de Heinicke seront partout l'objet de la vénération des instituteurs de sourds-muets; et lorsqu'il s'agira des procédés d'enseignement, au lieu d'opposer la méthode allemande à la méthode française ou la méthode française à la méthode allemande, on dira simplement : *la méthode.*

Post-scriptum. — Nous avons exposé notre pensée sans être distrait par l'annonce de méthodes nouvelles offrant le moyen d'instruire les sourds-muets par la parole. Néanmoins, avant de prendre congé du lecteur, nous croyons devoir rappeler que, depuis le XVIe siècle, l'articulation fait partie des procédés employés pour l'éducation des infor-

(1) Nous publions ci-après, en langue française, le compte-rendu des séances du congrès, dont la feuille allemande : *Hephata*, a fait connaître, au mois d'octobre 1875, le texte original. — Des exemplaires de ce compte-rendu, en langue allemande, ont été déposés aux archives de l'Institution nationale des sourds-muets de Paris.

tunés privés de l'ouïe et par suite de la parole; les renseignements qui suivent en présentent la preuve.

Le livre d'Ambroise Moralès (*Descriptio hispanica*) apprend que les sourds-muets instruits par Pedro de Ponce, bénédictin d'Ona, en Espagne, *parlaient, écrivaient* et *raisonnaient fort bien.* Pedro de Ponce mourut en 1584. Plus tard, Jean-Paul Bonnet publia, à Madrid (1620), un ouvrage intitulé : *Reduccion de las lettras para ensenar à hablar los mudos.*

Le docteur Wallis, à Oxford, exposa et pratiqua des procédés d'articulation à l'usage des sourds-muets (1753). Avant lui, Kenelm Digby, mort à Londres en 1665, et William Holder, décédé à Oxford en 1697, s'occupèrent de l'instruction des sourds-muets, au moyen de la parole.

Mercure Van Helmont, en Hollande, prétendit qu'il lui avait suffi de trois semaines pour mettre un muet en état de répondre par la parole aux questions qui lui étaient adressées. Van Helmont mourut en 1699.

Le docteur Jean-Conrad Amman, d'Amsterdam, publia, en 1629, un traité ayant pour titre : *le Sourd qui parle.* Lichwitz, écrivain allemand, auteur du livre : *Dissertatio de voce et loquela* (1719), Georges Raphel, de Lunebourg, mort en 1740 ; Arnoldi, pasteur allemand, auteur d'un ouvrage sur l'éducation des sourds-muets (1777), enfin, Samuel Heinicke, mort en 1790, instruisirent des sourds-muets en les exerçant à l'usage de la parole.

Kerger, de Leignitz, en Silésie, enseignait l'articulation,

tout en accordant la prééminence au langage des signes.

Fabrizio d'Aquapendente, de l'Université de Padoue, décédé en 1619, et Jacob Affinate, écrivain italien (vers la fin du XVIIe siècle), publièrent des travaux sur la manière de faire parler les sourds-muets.

En France, Lucas, entrepreneur de bâtiments, à Ganges, commença l'éducation du jeune Saboureux de Fontenai (1746); ce sourd-muet devint l'élève de Rodrigues Péreire.

Cet exposé, très-succinct, vient à l'appui des extraits suivants de l'*Histoire de l'Académie royale des sciences*, publiée en 1749; il s'agit de la présentation à l'Académie de deux sourds-muets de naissance, dont Rodrigues Péreire avait dirigé l'instruction :

.... « M. Péreire a fait voir à l'Académie deux jeunes
» sourds et muets de naissance qu'il a instruits à conce-
» voir ce qu'on veut leur faire entendre, soit au moyen de
» l'écriture, soit par des signes dont il se sert avec eux, et
» à y répondre de vive voix ou par écrit ; ils lisent et pro-
» noncent distinctement toutes sortes d'expressions fran-
» çaises : ils donnent des réponses très-sensées à toutes les
» questions qu'on leur fait, ils exécutent promptement ce
» qu'on leur propose de faire ; ils donnent aux noms le
» genre et le cas qui leur conviennent, conjuguent les ver-
» bes et font l'usage propre des pronoms et des adverbes,
» des prépositions et des conjonctions ; ils savent les
» règles d'arithmétique et connaissent sur la carte les
» quatre parties du monde, les royaumes, les capitales, etc. ;

» enfin, il paraît que M. Péreire leur a donné avec la » parole la faculté d'acquérir les idées abstraites dont ils » avaient été privés jusque-là.

» Il se sert, comme nous l'avons dit, pour leur commu- » niquer ses pensées, de l'écriture ou des signes qu'il leur » fait avec la main et desquels il a composé un alphabet » dont l'usage est bien plus prompt que celui de l'écri- » ture ; il espère même pouvoir instruire ses élèves à en- » tendre, par le seul mouvement des lèvres et du visage, » ce qu'on voudra leur dire, pourvu cependant que ce » soit des personnes qui aient avec eux une habitude » journalière ; les autres seront toujours obligés de se » servir de l'écriture ou des signes dont nous avons » parlé.

» Quoique l'art dont nous venons de parler ne soit pas » absolument nouveau, et que MM. Wallis, Amman, » Emmanuel Rammirès, Pierre de Castro, le P. Vanin, de » la doctrine chrétienne, et peut-être encore beaucoup » d'autres, l'aient pratiqué avec succès ; comme cepen- » dant les progrès des élèves de M. Péreire démontrent la » bonté de la méthode dont il se sert et dont il s'est ré- » servé le secret, l'Académie a cru qu'on ne pouvait trop » l'encourager à cultiver un art qui peut rendre à la » société un grand nombre de sujets qui lui seraient de- » meurés inutiles sans ce secours : c'est en quelque sorte » les tirer, par une heureuse métamorphose, de l'état de » simples animaux pour en faire des hommes. »

On vient de voir que Rodrigues Péreire s'était réservé le secret de sa méthode. M. de Gérando, dans son ouvrage intitulé : *De l'Éducation des sourds-muets de naissance*, tome Ier, page 407, note D (1827), fait connaître les *recherches faites pour découvrir le sens de la méthode* du célèbre instituteur. Il s'exprime ainsi qu'il suit :

« Péreire mettait un si grand prix à ne point laisser pénétrer sa méthode d'enseignement, qu'il faisait, à ce qu'on assure, prendre à ses élèves, par un serment, l'engagement solennel de ne jamais la révéler ; sa famille même n'en eut point connaissance. Madame la veuve Péreire, sa belle-fille, a fait diverses tentatives pour retrouver un trésor aussi précieux, et en faire jouir sa famille à la suite des malheurs qu'elle a éprouvés, et pour revendiquer aussi, en faveur de la mémoire de Péreire, l'honneur qui lui est dû. En 1817, elle s'adressa à une ancienne élève de Péreire, mademoiselle Le Rat, pour en obtenir un mémoire qui contînt une description circonstanciée de sa méthode. Les seuls détails qu'elle put obtenir sont relatifs à l'articulation artificielle. Plus tard, madame Péreire obtint de mademoiselle Marois, autre élève de son beau-père, et qui habitait Orléans, de se transporter à Paris, afin de pouvoir y faire connaître du moins sa méthode mystérieuse, par une suite d'exemples qui équivaudraient à des démonstrations. Cette demoiselle passa plusieurs mois à Paris dans ce but ; mais des circonstances entièrement étrangères à la famille Péreire et à mademoiselle Marois ont fait évanouir les résultats qu'on attendait de ce voyage. Mademoiselle Marois est octogénaire : l'on ne peut guère se flatter de répéter cet essai. MM. Péreire, petits-fils de l'inventeur, ont bien voulu, avec la complaisance la plus empressée, faire, à ma demande (1), des recherches dans les papiers laissés par leur grand-père : mais ces recherches ont été infructueuses. Les papiers de Péreire furent brûlés pendant le cours de la Révolution, par la suite des terreurs politiques ; il en est à peine resté quelques débris. MM. Péreire ont eu l'obligeance de me les communiquer ; mais je n'y ai rien trouvé qui n'eût été déjà publié. Il paraît donc qu'il ne reste aucun espoir fondé de soulever le voile qui enveloppe ce mystère. »

(1) M. de Gérando agissait en qualité d'administrateur de l'Institution des sourds-muets de Paris.

CONGRÈS DES SOURDS-MUETS

A DRESDE.

CONFÉRENCES

D'ESSLINGEN ET DE PFORZHEIM.

CONGRÈS DES SOURDS-MUETS

A DRESDE,

Août 1875.

TRADUCTION

DU COMPTE-RENDU PUBLIÉ PAR LE JOURNAL *HEPHATA.*

NUMÉRO D'OCTOBRE 1875.

[illegible]

DISCUTÉ A DRESDE,

LE 29 AOUT 1875,

DANS LA SALLE DU PAVILLON DU ZWINGER.

Conformément aux notifications du Comité pour le 3e Congrès des Sourds-Muets, en date du 4 avril, du 1er juillet et du 16 août 1875, aujourd'hui (29 août), à 11 heures 10 minutes, M. Paul Müller, président du comité, a ouvert ici, par un discours de bienvenue, le 3e Congrès des Sourds-Muets.

Étaient présents, avec 146 sourds-muets, les directeurs des établissements de Sourds-Muets : M. Borg, de Stockholm; M. le docteur Eichler, de Leipsick; et M Jencke, de Dresde, ainsi que MM. les professeurs de sourds-muets, Kaiser, Lehnmann et Dost, de Dresde.

M. Fürstenberg, au nom du comité en exercice, monte à la tribune, et, au milieu d'actions de grâces adressées à Dieu pour le remercier de sa puissante protection et de ses faveurs, présente un rapport sur l'activité déployée par le comité désigné pour le 3e Congrès. Ce rapport fait connaître la dissolution de quatre sociétés et la formation de six nouvelles associations, de sorte que, présentement, il existe en tout 35 sociétés. Il constate, en outre, l'activité croissante des sociétés.

Le président propose au choix le plus ancien sourd-muet, M. Poetschke, comme président d'âge, et MM. Steglich et Micksch, tous deux de Dresde, comme commissaires. Ces choix sont ratifiés par le congrès. — On donne ensuite lecture de l'ordre des affaires.

Sous la direction de M. le président d'âge, assisté de M. Paul Müller, de Dresde, on procède à l'élection du président, du vice-président et des secrétaires.

Le scrutin donne les résultats suivants :

M. Rasch, de Leipsick, est élu par 64 voix ; M. Hœtzold, de Dresde, recueille 25 voix ; M. Fürstemberg, de Berlin, 23 ; M. Paul Müller, de Dresde, 16 ; le reste des voix est dispersé sur divers membres du congrès.

M. Rasch, de Leipzick, remercie l'assemblée de la confiance qu'elle vient de lui témoigner ; toutefois, sa qualité de professeur de sourds-muets l'oblige à décliner cet honneur, par ce motif que l'ordre du jour renferme quelques matières qui intéressent personnellement les professeurs de sourds-muets.

D'après le nombre de voix réparties, la présidence est attribuée à M. Hœtzold, de Dresde, qui s'excuse à son tour pour cause d'indisposition. Le plus grand nombre de voix s'étant reporté sur M. Fürstemberg, après M. Hœtzold,

M. Paul Müller, au nom du président d'âge, prie l'assemblée de faire connaître, par main levée, si elle accepte M. Fürstemberg pour président. Personne n'ayant manifesté d'opposition, M. Fürstemberg est nommé président du 3e congrès.

M. Fürstemberg accepte et remercie l'assemblée de cette marque de sa bienveillance, tout en exprimant ses regrets de ce que la présidence n'ait été acceptée par aucun des candidats saxons.

Pour faciliter la promptitude et la simplification des affaires, M. Fürstemberg propose à l'assembléo M. Paul Müller, comme vice-président. Cette proposition étant acceptée à l'unanimité, M. Paul Müller est nommé vice-président.

Ensuite MM. Watzulik, d'Altenbourg, Brackmann, de Naumbourg, S.S., et Schenk, de Berlin, sont proposés pour remplir les fonctions de secrétaire.

L'assemblée ayant accueilli ces propositions, ces messieurs entrent immédiatement en fonctions.

Les élections étant terminées, M. Paul Müller prend la parole.

SUR LE N° 7 DE L'ORDRE DU JOUR.

M. *Paul Müller* : Immédiatement après le départ de tous les délégués du congrès de l'an dernier, à Vienne, parut dans *la Presse libre*, de Vienne, un article de M. le docteur Deutsch, concernant le 2e congrès. Cet article parvint successivement à la connaissance des délégués, et à la mienne tout d'abord, au mois de novembre. J'en approuvai la première partie; mais la dernière me parut très-choquante et peu convenable, car M. Deustch y mentionnait que les sourds-muets voulaient établir une inspection sur les professeurs entendants et les établissements de sourds-muets. On ne peut se rappeler exactement ce qui a été dit à ce moment; mais l'intention des paroles était que, s'il se présentait quelque chose d'irrégulier dans un établissement, l'un de nous devait officieusement attirer l'attention sur ce point et solliciter le redressement nécessaire. (Approbation.)

Maintenant, je demande à l'assemblée si elle est satisfaite de cette explication.

(Le congrès donne son assentiment à la déclaration de M. Paul Müller).

M. le Président déclare ensuite, à l'honneur des maîtres de sourds-muets hanovriens, que, reproduite dans les feuilles autrichiennes, et dans d'autres journaux, l'observation présentée par M. Stücken, de Minden, au congrès précédent, sur la manière dont étaient traités les enfants sourds-muets, ne reposait, d'après des recherches qu'il avait faites, que sur le malentendu d'un reporter. Ce dernier avait demandé où était situé *Minden*; et c'est sur la réponse d'un interprète que *Minden* se trouvait près du Hanovre, que le reporter avait conclu que les professeurs de sourds-muets mentionnés par M. Stücken étaient hanovriens.

L'ordre du jour appelle la discussion sur la proposition de M. Lœw, de Brünn :

N° 11 DE L'ORDRE DU JOUR.

Session du Congrès tous les trois ans.

EN ATTENDANT :

Conférence annuelle des Comités des Sociétés.

L'auteur de la proposition expose la nécessité de ne réunir le congrès qu'une fois tous les trois ans ; dans l'intervalle aurait lieu la conférence des comités des sociétés. Il sollicite l'adoption de sa proposition, et exprime l'avis que le titre qui conviendrait au congrès serait celui de **Congrès des Sourds-Muets.**

Prennent la parole dans le même sens, MM. Paul Müller, de Dresde ; Kraüs, de Vienne ; Naglo, de Berlin ; Pacher, de Hambourg ; et Borg, de Stockholm, qui réclament l'adoption de la proposition Lœw.

M. *Brackmann*, de Naumbourg, manifeste la crainte qu'à la suite d'une interruption aussi longue des réunions beaucoup de choses ne tombent dans l'oubli.

M. *Hœtzold*, de Dresde, demande la clôture des débats, qui est prononcée. La proposition de M Lœw, de Brünn, est ensuite adoptée à une grande majorité.

M. *le Président* : Par cette adoption est épuisé le n° 9 de l'ordre du jour : *Désignation du titre du Congrès.*

N° 12 DE L'ORDRE DU JOUR. PRÉLIMINAIRE DU CONGRÈS.

Les propositions à discuter au prochain congrès devront, avec les motifs, être communiquées en temps opportun au comité qui, de son côté, les fera publier par un journal que le congrès aura désigné comme son organe.

M. le Président fait observer que beaucoup de propositions, la plupart non motivées, étant parvenues au comité très-peu de temps avant l'ouverture du congrès, on demandait que toutes les propositions, sans exception, et toujours accompagnées de leurs motifs, fussent présentées de bonne heure au comité.

Cette motion est adoptée à l'unanimité. M. Paul Müller sollicite de l'assemblée l'adoption de sa proposition.

N° 13 DE L'ORDRE DU JOUR.

Cotisations du Congrès, au lieu des **Cotisations matriculaires** (matricularbeitraege), pour couvrir les frais du Congrès.

M. *Naglo*, de Berlin, propose qu'une caisse commune formée au moyen de contributions de toutes les associations, soit fondée pour subvenir aux frais de voyage des membres du comité et aux autres dépenses qui seraient faites dans l'intérêt du congrès.

Après la remarque de M. Müller, que les fonds nécessaires au payement de ces dépenses pouvaient être également prélevés sur les cotisations du congrès, la proposition de M. Müller est adoptée à une grande majorité.

On clot ensuite la première séance du congrès.

La clôture a lieu à 1 heure.

Signé : FURSTEMBERG, PAUL MULLER, WATZULICK, SCHENK, BRACKMANN.

CONTINUÉ A DRESDE,

LE 30 AOUT 1875,

DANS LA SALLE DU PAVILLON DU ZWINGER.

Le président, M. *Fürstemberg*, de Berlin, ouvre à 8 heures 40 minutes la séance à laquelle assistent, outre les directeurs déjà nommés, quatre professeurs de sourds-muets (entendants). Il accuse réception de deux télégrammes, l'un de Stockholm et l'autre de Prague.

M. *Müller* donne lecture de ces télégrammes, qui sont accueillis avec enthousiasme.

M. *Borg*, de Stockholm, est prié, par le président, de vouloir transmettre les remerciements et les salutations des représentants du congrès aux membres de la Société des Sourds-Muets, de Stockholm. M. Borg se charge de cette mission, et, tout en manifestant une grande joie à ce sujet, il regrette d'être le seul représentant de son pays au congrès.

M. *le Président* prie ensuite le secrétaire, M. Schenk, de lire le procès-verbal de la séance précédente. La lecture en est faite et ne donne lieu à aucune observation.

Avant la lecture de l'ordre du jour, M. *Hætzold*, de Dresde, et plusieurs autres membres prient le président de faire un rapport précis sur les résultats du congrès de l'année précédente.

N° 6 DE L'ORDRE DU JOUR.

M. *le Président* prie M. Paul Müller, de Dresde, et M. J. Lœw, de Brünn, de présenter le rapport pour la Saxe et l'Autriche, conformément à l'ordre du procès-verbal de l'année précédente ; de son côté, il fera la même chose en ce qui concerne la Prusse et les autres états de l'Allemagne.

M. *Müller*, de Dresde, annonce que parmi les sociétés existantes en Saxe, la Société de Chemnitz est dissoute.

M. *Lœw*, de Brünn : La Société de Vienne, dans son assemblée générale du mois de juillet dernier, a décidé qu'au lieu de s'appeler : *Société de Sourds-Muets*, elle prendrait le titre de *Société de protection pour les Sourds-Muets*. Elle a élevé de 30 kreutz à 40 kr. la cotisation mensuelle de chaque membre, et fixé à 30 florins 50 kr., le secours d'argent à accorder aux malades.

M. *le Président* ajoute que des trente-trois sociétés actuellement existantes en Allemagne, en Autriche et en Suisse, quatre sociétés se sont dissoutes, mais que six nouvelles associations se sont formées, de sorte qu'il existe en ce moment trente-cinq sociétés de sourds-muets dont la prospérité est satisfaisante. M. le Président manifeste aussi son contentement sur l'état des fonds d'hôpital pour les sourds-muets.

M. *Müller*, de Dresde, s'enquiert du résultat de la décision prise au congrès précédent, concernant l'instruction obligatoire pour les sourds-muets, et la création d'emplois destinés à perfectionner, au moyen d'exercices, l'instruction des professeurs de sourds-muets.

M. *Lœw*, de Brünn, déclare qu'il a fondé une nouvelle société sous le titre de *Société de l'Empereur Joseph II*, dont le président est M. Jacques Lœw, et le secrétaire, l'orateur lui-même. Mais les statuts n'ont pas été approuvés par l'autorité compétente; c'est pourquoi, aux termes de l'arrêté de la société à la fondation de laquelle il travaille encore, ces statuts doivent être refondus.

L'orateur a la ferme espérance que, grâce aux efforts réunis des hommes qui le poursuivent avec un sincère intérêt, le but sera bientôt atteint.

M. *Paul Müller*, de Dresde : Le vœu déjà exprimé pour les fondations d'écoles supérieures des sourds-muets, a été récemment réalisé à Dresde. Il existe aussi à Prague une école supérieure en bonne voie. A Vienne, au contraire, le projet d'une école de ce genre a échoué par suite du peu d'intérêt qu'il a rencontré.

M. *le Président* témoigne sa joie de ce que la semence répandue, quoique avec lenteur, produise visiblement de bons germes, comme par exemple à Breslaü, Ratibor,

Liegnitz; et il conçoit l'espoir que les dispositions bienveillantes prises à l'égard des sourds-muets s'accroîtront chaque jour. Il remarque, à ce sujet, qu'à la chambre des députés et à la chambre des seigneurs, on s'est beaucoup occupé de l'enseignement des sourds-muets, et on ne saurait douter que le gouvernement, dans la mesure du possible, ne satisfasse aux besoins les plus pressants. Déjà maintenant, dans plusieurs réunions de sourds-muets, des professeurs et des pasteurs font des conférences religieuses.

Conformément au renvoi prononcé par le congrès précédent, l'ordre du jour concernant la fondation d'un établissement d'assurances pour la vie dans l'intérêt des sourds-muets se trouve avoir rapport, dans le congrès actuel, au présent ordre du jour. Les caisses d'épargne établies jusqu'alors, excepté celle de Vienne, qui n'existe plus, n'ont subi aucun changement. La création du viatique (viaticums), repoussé par le congrès précédent, est de nouveau mise à l'ordre du jour.

M. *le Président* : Aux publications rédigées par les sourds-muets : « l'*Ami des Sourds-Muets* et le *Journal universel autrichien des Sourds-Muets*, de Krauss (autrefois le *Conseiller des Sourds-Muets*) s'ajoute la revue de M. Hœtzold, à Dresde, *Hephata*, et celle de Mlle Sulberger, à Willemsdorf, *Messager des Sourds-Muets.* » Il y a lieu d'espérer que ces rédacteurs, par leurs efforts, réussiront dans la littérature propre aux sourds-muets, et répondront aux besoins intellectuels de leurs lecteurs.

Pour répondre au désir de M. Lœw, de Brünn, l'orateur prie les comités de réunion de communiquer régulièrement à l'*Ami des Sourds-Muets* leurs procès-verbaux de conférences ou d'assemblées générales.

M. *Paul Müller*, de Dresde, remarque que la proposition renouvelée dans le congrès précédent, pour l'introduction du langage des signes exclusivement, se trouve de nouveau à l'ordre du jour. Il croit qu'en vertu de la carte de légitimation délivrée aux représentants du congrès, on a rempli cette formalité.

Le n° 6 de l'ordre du jour est épuisé.

M. *le Président* : Nous arrivons maintenant au n° 15 de l'ordre du jour.

N° 15.

Instruction obligatoire pour les Sourds-Muets.

M. *Hœtzold*, de Dresde, en qualité de préopinant : En ce qui concerne l'instruction obligatoire, j'ai peu de choses à dire ici, cette question ayant été déjà discutée au congrès de Vienne. Il est bien entendu que l'instruction obligatoire est nécessaire; et comme elle existe pour les entendants, elle doit, par suite, s'étendre aux sourds-muets. Je le répète ici, afin d'attirer sur ce point l'attention des autorités compétentes et du public, pour leur recommander ce vœu et le faire prendre en considération.

M. *Wilzeck*, de Prague, appuie la proposition; il est lui-même professeur de sourds-muets, et possède assez d'expérience. Beaucoup d'enfants ne sont pas admis dans les établissements, surtout quand ils sont faiblement doués. On reçoit, au contraire, les enfants bien doués, ce qui est très-déplorable pour les enfants moins intelligents ; car si un enfant d'aptitude inférieure ne peut être admis dans un établissement spécial, souvent on l'enverra dans une école destinée aux entendants : il prendra place avec eux et recevra le même enseignement. Mais cela ne lui sera d'aucune utilité, car il est impossible qu'il prenne part à l'instruction qui y est distribuée.

L'orateur demande qu'on pétitionne sans relâche afin d'obtenir, d'une manière générale l'instruction obligatoire pour les sourds-muets ; et il ne doute pas qu'à la suite de pétitions renouvelées, l'État ne décrète enfin l'instruction obligatoire.

La Bohême compte maintenant trois établissements : Prague, avec 120 élèves ; Leimeritz, avec 60 ; et Budweis, avec 60. Mais, hélas ! ces établissements sont loin d'être suffisants, puisque sur les 4,000 sourds-muets répandus dans toute la Bohême, 1,000 seulement sont instruits, et que les 3,000 autres restent sans instruction.

L'orateur insiste pour qu'on fasse une nouvelle pétition, et appuie, en conséquence, la proposition Hœtzold.

M. le directeur *Borg*, de Stockholm, approuve l'orateur, et dit qu'aucun enfant sourds-muet, sans distinction de capacité, ne doit être refusé dans une école de sourds-muets. En Suède, où il existe présentement quatre établissements de sourds-muets, ces établissements sont en mesure de recevoir plus d'élèves qu'autrefois ; et dans un temps prochain, ils devront être agrandis pour être en rapport avec des exigences pressantes.

L'orateur remarque que, pour l'exécution de la proposition, il est nécessaire d'établir une statistique exacte de tous les sourds-muets dans chaque état ; que les sourds-muets ont, à l'éducation et à l'instruction, le même droit que les entendants, et que, par conséquent, le devoir de chaque État est de leur procurer ces avantages. Ce résultat ne sera obtenu qu'en décrétant d'une manière générale l'instruction obligatoire. L'orateur demande donc d'adopter la proposition dont le succès ne sera possible qu'au moyen des pétitions de tous les comités de société.

M. *Watzülick*, d'Altenbourg : Il existe en Allemagne environ 70 établissements de sourds-muets ; mais combien l'Autriche et la Hongrie en possèdent-elles ? Très-peu. Nous devons porter remède à cette triste situation. C'est pourquoi il serait urgent d'élire un comité qui recueillerait les pétitions tendant à établir l'instruction obligatoire, ferait signer les pétitions par les directeurs et les professeurs et les présenterait aux autorités compétentes.

M. *Müller*, de Dresde, approuve ce projet et demande que les directeurs et les professeurs s'y associent en signant les pétitions.

M. *Salm-Lœw*, de Brünn, ajoute qu'en Prusse, d'après

la communication de M. Fürstemberg, l'instruction obligatoire existe déjà depuis cent ans, mais que le décret concernant cette mesure n'a pas reçu une complète exécution.

En s'appuyant sur ce fait, qu'en Prusse, il y a plus de 24,000 sourds-muets, mais que 5,000 seulement jouissent de l'instruction, il serait démontré que les comités de sociétés prennent eux-mêmes en main l'exécution de l'instruction obligatoire établie dans ce pays. Il rappelle en outre à l'assemblée et en particulier aux comités de réunion que la Société des Sourds-Muets de Vienne avait déjà pétitionné auprès du ministre pour obtenir l'instruction obligatoire, mais qu'elle avait reçu une réponse négative. Il recommande donc de ne plus pétitionner, mais de prendre soi-même l'initiative en fondant des établissements d'instruction pour les sourds-muets.

M. *Watzülick*, d'Altenbourg, est d'avis qu'il serait préférable de garder le système non interrompu des pétitions et de ne pas laisser oisifs les comités de société.

M. *Hœtzold*, de Dresde, approuve MM. Lœw et Waltzülick, et demande que l'affaire parvienne à la connaissance publique par différents organes, afin d'exciter la sympathie générale en faveur de l'instruction obligatoire.

M. le vice-président *Paul Müller*, de Dresde, prend la présidence sur la demande du président.

Le président, M. *Fürstemberg*, soutient la déclaration faite par l'orateur (M. Lœw), que l'instruction obligatoire existe déjà depuis cent ans en Prusse.

Le règlement général d'instruction de 1763, ainsi que le code général de 1794 renferment des ordonnances légales qui enjoignent aux parents ou aux tuteurs de pourvoir à l'instruction de leurs enfants ou de leurs pupilles, sans qu'on en excepte les enfants qui ne possèdent pas tous leurs sens, par conséquent, aucun enfant ne devait rester sans instruction. Mais la stricte exécution de la loi sur l'enseignement obligatoire se heurte à de nombreuses difficultés et de nombreux obstacles. Ainsi un très-grand nombre de parents riches refusent obstinément de confier leurs enfants sourds-muets à un établissement d'instruction ; en outre, la plus grande partie des parents et des communes sont trop pauvres pour payer les frais de pension des enfants dans une école de sourds-muets. On ne peut forcer ces derniers à livrer leurs enfants à l'établissement et à les entretenir à leurs propres frais, pas plus qu'on n'est autorisé, au cas de pauvreté des parents, à obtenir par force ces soins bienfaisants de la part des communes. D'ailleurs, on n'a pas fixé d'amendes contre les parents qui négligeraient d'envoyer leurs enfants à l'école, et il n'est pas possible d'établir des écoles en chaque endroit ni de former les instituteurs communaux en vue de diriger l'instruction de sourds-muets.

Par exemple, je suppose que douze sourds-muets naissent dans un endroit, que seize ans après, ils aient disparu et que, pendant ce temps, il n'en soit pas né d'autres : En ce cas, l'école établie à grands frais disparaîtra facilement. Quant aux instituteurs communaux qui, dans un cours spécial, auraient acquis les connaissances voulues pour le genre d'instruction des sourds-muets, leurs fonctions de maîtres d'enfants bien doués leur permettraient à peine de donner une instruction suffisante aux sourds-muets. Il ne reste donc plus qu'à agrandir les établissements existant déjà et à multiplier leur nombre le plus possible pour satisfaire au besoin général de l'instruction à donner à tous les enfants, et obtenir que le système des amendes soit introduit dans la nouvelle loi sur l'enseignement. Avant tout, il est absolument nécessaire d'éveiller la sympathie générale pour arriver au but bienfaisant et charitable que l'on se propose.

En dernier lieu, l'orateur remarque qu'à la chambre des députés et à la chambre des seigneurs, cette affaire avait aussi été examinée et discutée d'une manière suffisante.

M. le vice président *Paul Müller* met aux voix la proposition Hœtzold, qui est adoptée presque à l'unanimité.

Le président prend de nouveau la présidence.

N° 16 DE L'ORDRE DU JOUR.

La proposition Hirsch, de Clausthal, concernant l'école obligatoire et l'instruction supérieure, est écartée à cause de l'absence du préopinant.

A la remarque de M. Krauss, de Vienne, que l'auteur d'une proposition devait être chaque fois présent pour en donner lui-même lecture, l'assemblée ne fait aucune opposition.

N° 17 DE L'ORDRE DU JOUR.

Fondation d'Écoles préparatoires pour les Enfants sourds-muets.

M. *Hœtzold*, de Dresde, explique sa proposition et en demande l'adoption.

M. *Wilczek*, de Prague, approuve la proposition et demande en outre que l'éducation des petits enfants soit confiée à des femmes, parce que cela est beaucoup plus facile et moins coûteux.

M. *Naglo*, de Berlin, déclare qu'il est d'accord sur ce point et il remarque que la *Société des Femmes sourdes-muettes* ne s'étant encore distinguée par aucun fait important, elle doit prendre la direction des écoles préparatoires ou écoles d'enfants, et il ne doute pas de l'excellence du résultat.

M. *Kühn*, de Worms, se plaint de ce que dans son pays l'instruction des sourds-muets est négligée; mais son discours est interrompu, parce qu'il n'appartient pas à l'ordre du jour.

Le Président met aux voix la proposition Hœtzold, après avoir fait observer que sa fille, la jardinière expérimentée des enfants, s'occupera, à titre d'essai, de la création d'un jardin d'enfants pour les enfants sourds-muets, afin de recueillir de solides expériences qu'elle promet de relater au prochain congrès. La proposition est adoptée à une grande majorité.

N° 18 DE L'ORDRE DU JOUR.

Fondation d'Asiles.

M. Hirsch, de Clausthal : *fondation d'asiles.*

Cette proposition, en l'absence du préopinant, est écartée.

N° 19 DE L'ORDRE DU JOUR.

Rapport concernant les Écoles de Sourds-Muets.

M. *Stucken*, de Minden : D'après des observations recueillies dans mes voyages, je dois avouer avec un véritable regret que la méthode d'enseignement n'est pas partout la même, et que le titre de professeur ne répond pas toujours aux exigences générales. Quelques professeurs ont adopté une méthode d'enseignement à leur gré ; aussi rencontrons-nous chez les sourds-muets dont l'éducation est terminée, les résultats les plus différents des méthodes en question.

Nous trouvons également une différence notable entre ceux qui n'ont jamais appris le langage des signes et ceux qui l'ont employé avec le langage articulé dans le cours de leur instruction. Il y a visiblement de nombreuses lacunes dans l'éducation des premiers, chez lesquels on remarque de la gaucherie, de la froideur et de la grossièreté, tandis que les autres ont en partage la vivacité, la bienveillance, les qualités du cœur et la pénétration.

Pourquoi quelques professeurs ont-ils réussi à supprimer le langage des signes, qui est la langue maternelle des sourds-muets, et à n'établir que des relations orales entre les professeurs et les élèves? Je crois ce système très-dangereux. Quand l'enseignement, depuis le commencement jusqu'à la fin, se donne sans le langage des signes, il ne suffit qu'à moitié au développement intellectuel. Quelques professeurs emploient aussi, comme langage naturel, des signes, des expressions particulières et un langage des signes à part. Leur physionomie brusque et rébarbative heurte vivement la sensibilité des petits élèves dans la première période de l'enseignement du langage.

Comparant le présent avec le passé, je préfère le passé au présent, parce qu'autrefois la méthode reposait sur le langage des signes et sur le langage parlé. De plus, le temps consacré à l'éducation ne durait jamais moins de huit ans, et presque tous les professeurs, pleins d'un amour et d'un dévouement sincère et désintéressé, remplissaient leurs devoirs avec une grande persévérance, et presque dans chaque établissement il y avait un professeur sourd-muet. S'il en était encore ainsi maintenant, le caractère de l'éducation atteindrait sans doute un haut degré de perfection, et le peuple des sourds-muets ne laisserait pas de trace apparente. Il est aussi reconnu que dans certains établissements règne le mauvais usage de présenter aux examinateurs ou aux personnes qui portent un grand intérêt au sort des sourds-muets, des élèves qui entendent difficilement ou qui sont devenus le plus capables d'entendre, pour pouvoir les convaincre de l'excellence de la méthode d'enseignement. Cette supériorité de méthode existe-t-elle dans tous les établissements? Je le nie, et je déplore cette manœuvre qui, je n'en doute pas, s'éloigne toujours plus du genre d'instruction donnée aux sourds-muets. J'ai fait remarquer à dessein que mon jugement ne s'applique pas à tous les établissements. Je recommande spécialement à tous les professeurs l'affabilité, la douceur des expressions, l'amour du sacrifice, la bonté et la persévérance, avec un cœur affectueux et paternel; je désire sincèrement que tous les établissements n'acceptent que ceux qui possèdent ces qualités et les titres nécessaires pour un enseignement régulier.

Je crois qu'il serait préférable d'avoir toujours deux classes dans chaque salle pour que les professeurs pussent se contrôler entre eux, et pour éviter les irrégularités dans l'enseignement. Différents professeurs pourraient aussi alterner dans chaque classe. On ne devrait jamais souffrir que les sourds-muets se tinssent dans un endroit retiré, si ce n'est sous la surveillance des personnes de leur sexe. Il serait à désirer que la communauté des garçons et des filles n'existât pas dans les habitations des parents adoptifs.

On se plaint vivement d'être forcé de ne plus employer aucun professeur sourd-muet dans les établissements. C'est, hélas! un pas en arrière qui aura pour résultat la démoralisation des élèves.

En Amérique professent plus de 65 sourds-muets, et comme j'ai vécu plus de huit ans dans cette contrée, je puis décider cette question.

Je n'ai jamais entendu les élèves se plaindre de leurs professeurs, et presque partout j'ai rencontré des sourds-muets parfaitement élevés Ce sont là des faits qui ne laissent aucun doute. Les inspecteurs devraient exercer la plus sévère surveillance sur les maîtres, afin que la morale ne soit point offensée, surtout parmi les jeunes filles, et que la vertu et la chasteté des élèves sourds-muets soient religieusemeut sauvegardées. Le devoir des maîtres est d'avoir une conduite régulière et de servir de modèles aux enfants.

Pour combler les lacunes mentionnées et corriger les défauts que j'ai moi-même constatés et dont je me suis convaincu par des faits certains, je demande une surveillance sévère et continue exercée sur les maîtres par des collègues capables et sincères; l'introduction d'une méthode générale et uniforme; l'emploi de maîtresses; enfin, du côté des maîtres doués d'un cœur affectueux, l'abolition complète des châtiments corporels, surtout chez les filles.

M. *Salm-Lœw*, de Brünn, approuve l'orateur et fait valoir que les professeurs ont droit à la reconnaissance des sourds-muets. Il croit cependant devoir communiquer ses observations à l'assemblée à titre de renseignement. Elles s'appliquent aux ecclésiastiques qui, remplissant par exception les fonctions de directeurs dans un institut, se montrent peu affectueux à l'égard des élèves, tandis que, dans la plupart des cas, le contraire a lieu chez les directeurs laïques mariés.

M. le directeur *Borg*, de Stockholm, expose qu'il est difficile de donner la même instruction à tous les élèves, et juge qu'il serait préférable d'établir plusieurs classes : une pour les sourds-muets intelligents et une pour ceux qui sont moins bien doués. Cependant il faudrait pour chaque classe une salle particulière, afin d'éviter le bruit de voix et les distractions de plusieurs classes, et aussi parce que le maître entend mieux et peut ensuite corriger ce que dit l'élève. Pour les sourds-muets qui ne peuvent apprendre à parler, il est nécessaire d'établir une classe particulière dans laquelle l'enseignement se fera par les gestes, afin de ne pas entraver les progrès des élèves qui peuvent parler. Les maîtres doivent se conduire d'une façon parfaite, pour servir de modèles à leurs élèves qui, autrement, se pervertiraient; c'est pourquoi une discipline sévère et juste est indispensablement nécessaire.

L'orateur s'élève contre les châtiments corporels infligés par les professeurs, mais il approuve les punitions sévères imposées par le directeur. Avant tout, il faut traiter les enfants avec une sévérité mêlée d'affection.

Les maîtres doivent rigoureusement s'observer en présence des élèves, pour leur servir de parfaits modèles. La confiance qui règne entre le professeur et l'élève allège beaucoup la tâche de l'éducation. L'orateur ne recommande pas les établissements distincts pour chaque sexe, parce que cette séparation n'est pas praticable pendant toute la vie des sourds-muets qui, alors, ne jouiraient jamais du bonheur de leur famille. Il préfère placer les élèves des deux sexes sous la surveillance de directeurs mariés; de cette façon le directeur surveillera les garçons et sa femme les filles.

M. *Wilczek*, de Prague, approuve l'orateur ; il prend cependant la défense de ses collègues, parce que, à ce qu'il prétend, les professeurs auraient souvent affaire avec des élèves menteurs et astucieux. Dans un établissement, à Prague, l'enseignement se donne en deux langues : l'allemand et le bohême, ce qui est très-difficile et très gênant.

A la fin, il avoue que toutes les écoles ne possèdent pas une organisation désirable et des maîtres parfaits.

M. *Naglo*, de Berlin, approuve le rapport de M. Stucken; il y trouve cependant des termes vifs qu'il eût été préférable de ne pas prononcer, par respect pour les professeurs de sourds-muets présents à l'assemblée. Il demande la clôture des débats.

Le Président : Le rapport de M. Stucken ne forme pas une proposition ; c'est pourquoi l'assemblée ne peut qu'en prendre connaissance. — Pas d'objection.

N° 19 DE L'ORDRE DU JOUR.

Prolongation du temps consacré à l'instruction des Sourds-Muets.

M. *Hœtzold*, de Dresde, en qualité de préopinant : Pour motiver ma proposition, je n'ai que quelques mots à dire. On est arrivé à être convaincu que seul un long enseignement d'environ dix ou douze ans dans les établissements particuliers des sourds-muets peut atteindre son but. Il est complétement impossible que des sourds-muets négligés, abandonnés, grandis dans la séquestration, puissent, dans le court espace de huit ans accordé aux entendants, qui cependant jouissent de l'ouïe et de la parole, être transformés en membres de la société humaine et en chrétiens. C'est pourquoi nous désirons que la durée de l'éducation des sourds-muets se prolonge jusqu'à dix ans et au delà, par la raison qu'ils sont privés de l'ouïe et ont beaucoup à apprendre.

M. *Brackmann*, de Naumbourg, approuve l'orateur et remarque que, dans la prolongation de la durée des études, l'âge des élèves ne devrait pas être négligé.

M. *Wilczek*, de Prague, demande qu'on envoie à l'école les enfants dès leur septième année. S'ils y viennent plus tard, ils devraient aussi rester plus longtemps dans l'établissement, qu'ils quitteraient en qualité d'hommes faits; il serait préférabie que les enfants fussent instruits dès la sixième année; ils apprendraient davantage ensuite.

Mais l'orateur objecte que la prolongation de la durée des études serait pour les parents pauvres une lourde charge; c'est pourquoi il pense que six années d'école suffiraient et que les enfants aisés pourraient rester plus longtemps à l'institut.

M. *Hœtzold*, de Dresde, fait mention d'un jardin d'enfants. D'après sa motion, le cours d'instruction des enfants sourds-muets durerait de quatre à quinze ans : trois ans dans le jardin d'enfants, six ans à l'institut et le reste à l'école supérieure.

M. *Kraüss*, de Vienne, recommande aux sociétés les écoles supérieures pour les élèves forcés de quitter l'établissement, afin de les obliger à acquérir ce qui leur manque, et il fait observer que les élèves devraient à la vérité suivre un cours d'études plus long, mais, qu'à cause du manque de place, il serait préférable d'abréger la durée des études, afin qu'un plus grand nombre d'enfants puissent participer dans une certaine mesure aux bienfaits de l'instruction.

M. *Lœw*, de Brünn, rencontre beaucoup de ses semblables qui n'ont été à l'institut que deux ou quatre ans. Sur sa demande, un directeur lui a donné pour raison que les enfants sourds-muets ne pouvaient rester que deux à quatre ans à l'établissement, parce que beaucoup d'autres enfants attendaient avec impatience le moment d'y entrer à leur tour. En conséquence, la durée des études était abrégée, afin que tous les enfants pussent recevoir le plus rapidement possible l'instruction strictement nécessaire. Il déplore vivement cette situation et demande que le temps consacré à l'éducation soit au moins de six années.

M. *Borg*, de Stockholm, est d'avis que les enfants sourds-muets devraient suivre des cours d'une durée de huit à dix ans, ainsi répartis : cinq à sept ou six à huit ans dans les écoles préparatoires ou écoles d'enfants; sept ou huit jusqu'à quinze ou seize ans dans l'établissement, et plus, si c'est nécessaire, et en dernier lieu à l'école supérieure que devront fréquenter tous les sourds-muets.

La proposition *Hœtzold* est adoptée à une grande majorité.

N° 20 DE L'ORDRE DU JOUR.

Prise en considération de l'emploi des Sourds-Muets intelligents comme Professeurs de Sourds-Muets.

A la prière de M. *Lehmann*, M. *Paul Müller* lit la proposition de ce dernier au moyen du langage des signes. Cette proposition sera imprimée dans le prochain numéro.

L'orateur demande l'adoption de la proposition.

M. *Stücken*, de Minden, appuie cette proposition, ayant

acquis la ferme conviction, par ce qu'il a vu de ses propres yeux en Suisse et en Amérique, que le concours des maîtres sourds-muets amènera des progrès sensibles dans l'instruction des sourds-muets.

M. *Pacher*, de Hambourg, reconnaît que le commerce oral avec les professeurs est avantageux, mais que la défense de se servir du langage des signes et des doigts n'est pas juste; il demande que l'on confie à des sourds-muets intelligents l'emploi de maîtres des sourds-muets en bas-âge.

M. *Brackmann*, de Naumbourg, appuie la proposition avec beaucoup d'instance. Il ne se dissimule pas les grandes difficultés qui s'opposent à la vocation d'un sourd-muet, mais il pense qu'on ne voudrait pas mettre obstacle au choix de sa future carrière. Il s'agit seulement ici de relever la situation intellectuelle du sourd-muet dans la société. Ainsi donc, dès qu'il possède suffisamment les connaissances exigées pour une profession aussi importante et qu'on a acquis la conviction qu'il fera honneur à sa position comme professeur, nous demandons qu'on veuille, même isolément, réaliser nos vœux.

M. *Pœhne*, de Leipsick, sait parfaitement que l'influence des professeurs sourds-muets est d'une grande efficacité pour les enfants sourds-muets. Il a vécu lui-même dans la vieille école où les frères Teüscher, sourds-muets tous deux, furent professeurs, sur le désir pressant de feu le très-honoré et très-vénéré directeur A. Reich. Les résultats qu'ils ont obtenus sont manifestes, même chez l'orateur. Ce directeur a même reconnu que les professeurs sourds-muets pouvaient, plus facilement que les entendants, éveiller la conception chez leurs petits camarades d'infortune. Lui (l'orateur) croit aussi que ce système a amené la bonne réputation de l'établissement. Le directeur actuel de l'institut de Leipsick le préconise encore maintenant, mais les professeurs de sourds-muets entendants ne le laissent pas s'établir, et ont protesté contre auprès du ministre. Il prie instamment l'assemblée d'appuyer fermement la proposition, afin d'en assurer l'exécution.

M. *Lœw*, de Brünn : Les professeurs sourds-muets ne peuvent enseigner complétement seuls; il leur faut le concours des professeurs entendants. Dans beaucoup d'établissements l'usage du langage des signes est interdit, et, pour se faire comprendre des élèves, les professeurs ont parfois recours à des gesticulations tout à fait comiques. Il y a aussi des sourds-muets qui ont le langage articulé, mais qui ne peuvent se servir du langage des signes, ce qui est déplorable. Ils sont communément peu instruits. Je rencontrai quelques-uns de ces derniers toujours avec joie et je demandai à l'un d'eux, au moyen de la pantomime — c'est notre langue maternelle — s'il était sourd-muet et d'où il était. Il me répondit qu'il ne comprenait pas le langage des signes, et il s'en alla avec indifférence. J'en fus souvent très-peiné.

C'est pourquoi la proposition mérite d'être recommandée, afin que les professeurs sourds-muets viennent en aide aux entendants et leur facilitent leur tâche.

Chaque établissement doit avoir pour le moins deux professeurs de ce genre. Je demande comme conclusion l'adoption de la proposition.

M. *Schenk*, de Berlin, réclame l'adoption de la proposition. Au vote, tous les délégués se lèvent et acclament la proposition, qui est ainsi adoptée à l'unanimité.

N° 22 DE L'ORDRE DU JOUR.

Initiation des Professeurs de Sourds-Muets au langage des signes.

M. *Müller*, de Dresde, lit, sur la prière du préopinant, la proposition qui se trouve imprimée dans le dernier numéro.

M. le directeur *Borg*, de Stockholm : L'emploi auxiliaire du langage des signes par les professeurs de sourds-muets entendants éveille la faculté de comprendre des enfants, leur facilite beaucoup l'étude et hâte les progrès dans le développement intellectuel, tandis que, sans le langage des signes, tout est beaucoup plus pénible et plus long. Ainsi la connaissance et l'usage du langage des signes par les professeurs entendants sont très-recommandables.

M. *Hœtzold*, de Dresde : Les jeunes gens appelés à être professeurs de sourds-muets doivent apprendre tout d'abord la pantomime avant de se livrer à l'enseignement. Il leur est nécessaire de s'initier auprès des sourds-muets adultes au langage correct des signes et non se créer un langage des signes à leur fantaisie, ce qui amènerait une trop grande différence dans le langage des signes. L'orateur recommande aux professeurs de sourds-muets la fréquentation assidue des sourds-muets adultes et des sociétés, ainsi qu'une application précise et correcte du langage des signes pour s'en servir toujours d'une manière plus parfaite et plus claire.

Les professeurs reçoivent un traitement; c'est pourquoi ils doivent se rendre utiles en apprenant le langage des signes et en se perfectionnant dans cette étude. Ils n'atteindront ce but qu'en portant un sincère intérêt au bien-être des sourds-muets. La discussion au congrès serait à peine supposable sans le langage des signes, car il est impossible que tous les délégués, et parmi eux ceux qui ont la vue courte, saisissent ce qui n'est exprimé que par les lèvres. En outre, nous, sourds-muets, nous serions exposés aux plus grands dangers dans la rue si nos yeux étaient continuellement fixés sur la bouche de l'interlocuteur pour saisir ce qu'il prononce, tandis que la conversation par le langage des signes nous permet de veiller à ce qui se passe autour de nous; de même, converser oralement, à la faible lueur d'une lampe, serait désagréable et peu pratique. Autant les relations orales sont faciles chez les entendants, autant chez les sourds-muets les relations, au moyen du langage des signes, sont agréables et faciles. Finalement, l'orateur prie d'accueillir la proposition.

M. *Stücken*, de Minden : Comprendre ce que la bouche exprime sans aucun son est impossible aux entendants, de même que dans une assemblée personne ne peut lire une lettre affichée au tableau. En Espagne et dans plusieurs pays, les entendants se servent du langage des signes. En Amérique, on exige des professeurs qu'ils l'apprennent et l'appliquent couramment. L'orateur recommande aux professeurs la visite assidue des sociétés de sourds-muets.

M. *Wilczek*, de Prague : Il est difficile de se faire comprendre des petits sourds-muets ; mais on le peut très-facilement au moyen du langage des signes, qui contribue à l'éducation, à la rapidité des progrès, et facilite la tâche des professeurs. Il insiste pour l'adoption de la proposition.

La proposition est adoptée.

N° 21 DE L'ORDRE DU JOUR.

Rétribution meilleure des Professeurs des Sourds-Muets ou Augmentation de leurs appointements.

M. *Hœtzold*, de Dresde : Les fonctions des professeurs des sourds-muets sont, comme on le sait, lourdes, pénibles et absorbantes, et, par conséquent, doivent être bien rétribuées.

Dans notre pays et dans beaucoup d'autres états, les professeurs des sourds-muets sont beaucoup mieux payés, et leurs appointements sont, avec le temps, graduellement augmentés, mais la rétribution des professeurs des sourds-muets n'est pas encore, dans beaucoup d'écoles et d'établissements étrangers, aussi forte qu'ici. Quoiqu'ils consacrent leur vie, leur temps et leur énergie à l'éducation de nos camarades d'infortune, ils doivent se contenter d'un modique salaire. Nous voulons solliciter auprès des autorités qui gouvernent l'augmentation de leur traitement.

M. le directeur *Borg*, de Stockholm : Il n'est pas juste que les professeurs des entendants reçoivent des appointements supérieurs à ceux des professeurs des sourds-muets; ces derniers ont au moins droit au même traitement. Il ne faut pas négliger la rétribution des professeurs des sourds-muets, mais il faut les placer au même rang que les professeurs entendants, l'enseignement donné aux sourds-muets étant plus difficile et plus pénible que l'enseignement donné aux élèves entendants.

La proposition est acceptée.

N° 23 DE L'ORDRE DU JOUR.

Établissement de Maisons d'éducation pour les Sourds-Muets faibles d'esprit.

Cette proposition de M. Hœtzold, de Dresde, est, d'accord avec le préopinant, écartée à cause de l'heure avancée.

N° 24 DE L'ORDRE DU JOUR.

Érection d'un monument à Heinicke.

M. *Müller*, de Dresde, propose, à l'approche du centième anniversaire de la fondation du premier établissement des sourds-muets en Allemagne, d'ériger une fondation en signe de reconnaissance; il cite la France et la ville de Versailles, dans laquelle on a élevé à l'abbé de l'Epée un monument digne de ses mérites, tandis que pour notre Samuel Heinicke qui, le premier, a popularisé l'enseignement des sourds-muets et a su rendre l'ouïe aux sourds, on n'a rien fait jusqu'ici; un pareil oubli est contraire à notre honneur et à nos sentiments de reconnaissance.

L'assemblée désire donc établir une fondation en l'honneur de Heinicke, afin qu'un souvenir honorable transmette à la postérité le nom de celui qui a si bien mérité des sourds-muets; les frais en seront payés au moyen du produit réalisé d'une souscription, mais l'orateur se demande si l'érection d'un monument ou l'emploi de fonds destinés à un institut pour l'admission des sourds-muets sans instruction serait le souvenir le plus convenable.

M. *Læw*, de Brünn, et M. *Borg*, de Stockholm, demandent d'une façon motivée que les fonds soient affectés au placement des sourds-muets qui manquent d'instruction. On décide, pour mieux régler l'affaire, de créer une commission d'abord de trois membres et ensuite de cinq.

L'assemblée approuve cette décision comme la proposition elle-même et nomme MM. Paul Müller, Salm-Lœw, Borg qui refuse en remerciant, Furstemberg, Basch et Hœtzold qui acceptent la nomination et donnent l'assurance de rendre le plus tôt possible un compte exact de leur travail.

N° 25 DE L'ORDRE DU JOUR.

Introduction du Langage des signes exclusivement.

M. *Naglo*, de Berlin, propose que la motion pour l'introduction du langage des signes exclusivement soit renvoyée au comité pour une autre circonstance.

Le président met aux voix cette proposition et en demande l'adoption, en raison de l'heure avancée qui ne permettra pas les débats.

La proposition est adoptée.

N° 26 DE L'ORDRE DU JOUR.

Rapport sur les fonds du Jubilé de Berlin pour les Sourds-Muets du pays et de l'étranger, en 1874 et en 1875.

M. *Naglo*, de Berlin, en qualité de trésorier, fait un rapport constatant en caisse une somme de 138 marcs 43 fenins et une distribution de 3 et de 9 marcs comme secours à deux sourds-muets sans ouvrage, de Vienne et de Breslau.

Aucune réclamation ne s'élève contre ce rapport.

Nos 27 ET 28 DE L'ORDRE DU JOUR.

Gestion des fonds du Jubilé projeté.

M. *Hirsch;* de Clausthal.

Fondation d'une Banque d'assurance mutuelle sur la vie.

M. *Batjer,* de Brême.

Ces deux numéros sont écartés à cause de l'absence des préopinants.

N° 29 DE L'ORDRE DU JOUR.

Choix du lieu pour le 4e Congrès des Sourds-Muets.

M. *Lœw,* de Brünn, demande qu'on désigne le lieu pour le 4e congrès des sourds-muets.

M. *Wilczek,* de Prague, propose d'abandonner au comité le choix du lieu pour le prochain congrès.

Cette proposition est mise aux voix et adoptée.

Le Président : Nous arrivons maintenant au choix du lieu pour le 4e congrès des sourds-muets, qui aura lieu dans trois ans.

MM. Kraüss, de Vienne, Hœtzold, de Dresde, Brackmann, de Naumbourg, Stücken, de Minden, Wilczek, de Prague, optent pour Leipsick, berceau du premier établissement de l'enseignement public des sourds-muets, et par rapport aux fêtes qui s'y célébreront le 14 avril 1878.

M. Pacher, de Hambourg, parle pour Hambourg; M. Watzulick, d'Altenbourg, propose Stockholm; M. Borg, de Stockholm, approuve ce dernier choix, mais, à cause des fêtes centenaires, il se prononce en faveur de Leipsick.

M. Pacher, de Hambourg, prie d'écarter Stockholm et recommande de choisir Leipsick.

Le choix du lieu, Leipsick, est adopté.

M. Rasch, de Leipsick, se félicite dans le choix de ce lieu, de l'importance de sa mission et souhaite à l'avance la bienvenue aux délégués.

N° 50 DE L'ORDRE DU JOUR.

Choix d'un Comité de permanence pour le 4e Congrès des Sourds-Muets.

M. *Müller*, de Dresde, pour hâter et simplifier la chose, prie M. Naglo, de Berlin, de désigner lui-même les membres de ce comité. M. Naglo, de Berlin : MM. Fürstenberg, de Berlin, Lœw, de Brünn, et Hœtzold, de Dresde.

L'assemblée, à la demande de M. Paul Müller, n'élève aucune objection contre ce choix, et se déclare prête à accepter les membres proposés.

Le Président demande à l'assemblée de remercier, en se levant, les membres du comité du 3e congrès : M. le président Paul Müller, le secrétaire, M. Hœtzold, le caissier Adler et le suppléant Lehmann, pour leur concours dévoué, ce qui a lieu.

M. *Wilczek*, de Prague, prie l'assemblée de témoigner, en se tenant debout, ses remerciements au président, au vice-président et aux trois secrétaires, pour les fatigues de leur mission, ce qui a lieu encore.

Le Président, après avoir rendu un sincère hommage à l'Assemblée pour ce témoignage honorable de sa confiance et de son indulgence; après avoir exprimé sa joie de la vive participation des honorables délégués et fait remarquer que, sans aucun doute, les décisions prises aboutiraient, Dieu aidant, à un excellent résultat pour le bien-être des sourds-muets, prie les délégués de poursuivre dans leurs foyers leur œuvre, dont ils pourraient sans cesse rendre compte au président au moyen de la publication de l'*Ami des Sourds-Muets.*

Et le 3e congrès des sourds-muets fut clos à 1 heure de l'après-midi.

Signé : FURSTEMBERG, *président.* PAUL MULLER, *vice-président.*

WATZULICK, SCHENK, *secrétaires.*

Boucquin, imp., rue de la Sainte-Chapelle, 5.

CONFÉRENCES

D'ESSLINGEN ET DE PFORZHEIM.

Le *Congrès de Dresde* a été précédé de conférences parmi lesquelles nous croyons devoir mentionner celle d'Esslingen et principalement celle de Pforzheim (5 octobre 1847). M. Morel, professeur de la classe de perfectionnement à l'Institution nationale des sourds-muets de Paris, publia, en 1848, sur les débats de ces deux assemblées, une étude que nous résumons ci-après :

Depuis que les deux instituteurs américains, MM. Weld et Day, ont publié le résultat de leurs observations sur les écoles de sourds-muets qu'ils ont visitées en Europe, l'alarme est au camp des instituteurs allemands..... En famille, ils veulent bien convenir que leur méthode n'obtient pas tous les résultats désirables; mais en public ils repoussent avec énergie toute agression étrangère. Déjà, au congrès d'Esslingen, plusieurs champions ont rompu des lances pour soutenir l'excellence de la méthode allemande;

une ardeur plus guerrière encore s'est manifestée à la conférence de Pforzheim...... MM. Haug et Wagner (1) ont ouvert le feu; le premier a tiré plus d'un coup sur sa propre troupe; tout en glorifiant la méthode allemande, il en a cependant reconnu le côté faible et il en a gémi. M. Wagner s'est hâté de répandre du baume sur la douleur de son ami, il a vivement attaqué ses adversaires, et il a été soutenu par MM. Schibel, Hill, Arnold, et d'autres encore.

..... Non, la méthode française n'est pas immobile, stationnaire, car elle a été modifiée, perfectionnée depuis l'abbé de l'Epée; non, elle n'est pas exclusive, car elle s'appuie à la fois sur les faits, le dessin, les signes, l'écriture la dactylologie, et elle ne rejette pas la parole; seulement elle n'accorde pas à la parole autant d'importance que la méthode allemande. Comme MM. Day et Weld, nous conseillons d'apprendre à parler à ceux des sourds-muets qui en sont susceptibles.

..... Résumons les conclusions qu'il faut tirer de cette polémique.

— Le langage des gestes est la langue naturelle, primitive du sourd-muet.

Il n'est pas le but, mais la base et le principal instrument de son éducation.

---

(1) M. Wagner, directeur, et M. Haug, professeur à l'Institution des sourds-muets de Gmünd, dans le Wurtemberg.

Comme le langage mimique n'est pas le moyen ordinaire de communications sociales, il faut en restreindre l'emploi à mesure que le sourd-muet apprend la langue usitée dans la société, afin de l'accoutumer à se servir de cette dernière.

— L'écriture, comme instrument matériel, est à la portée de tous les sourds-muets; comme forme de la pensée, son acquisition offre moins de dificultés que la parole articulée.

Elle est, avec le langage mimique, le principal moyen d'instruction et de communication entre le maître et l'élève.

— La parole, considérée par rapport au sourd-muet, n'a qu'une partie des avantages dont elle jouit chez les personnes douées de l'ouïe; comme l'écriture, elle n'agit sur l'intelligence que d'une manière indirecte, médiate; mais elle a moins de fixité, de certitude, de précision et d'efficacité que cette dernière:

La parole, chez le sourd-muet, constitue deux objets d'enseignement: l'articulation et la lecture sur les lèvres.

L'articulation et la lecture sur les lèvres ne se correspondent pas comme la parole et l'ouïe.

Ni l'une ni l'autre ne sont essentielles comme moyen de communication; leur véritable utilité ne se révèle qu'après la sortie des élèves de l'école.

Comme la parole est l'instrument général des communications entre les hommes, c'est elle qui rendrait le plus complétement le sourd-muet à la société.

Mais la parole ne peut pas être enseignée à tous les sourds-muets ; elle ne l'est que d'une manière imparfaite à ceux qui en sont capables.

La parole n'étant pas un moyen à la portée de la généralité des sourds-muets, ne doit pas être considérée comme la base et l'instrument principal de leur éducation.

La parole doit être enseignée aux sourds-muets qui montrent des dispositions pour cet enseignement.

On doit renoncer à l'enseigner à ceux qui, après des essais suffisants, sont reconnus inaptes à cet enseignement.

Nous devons ajouter, qu'au début de son discours, à la conférence de Pforzheim (2e séance — 6 octobre 1847), M. Wagner s'exprima en ces termes :

« Messieurs, si je me permets, dans une question aussi importante, de prendre la parole seulement aujourd'hui, je dois, auparavant, dire quelques mots pour ma justification. L'objet à l'ordre du jour est précisément un héritage de l'année dernière, qui nous a été légué par la conférence d'Esslingen, où j'ai établi et démontré la thèse suivante :

« *Il est nécessaire que les écoles allemandes fassent une » distinction entre les sourds-muets qui sont aptes à la » parole et ceux qui ne le sont pas, et qu'elles suivent avec » ces derniers un cours spécial d'enseignement.* »

Les honorables membres du congrès de Dresde se sont souvenus de ces paroles de M. Wagner, mais ils ont oublié celles que le même orateur, dans le même discours, prononça, pour rendre hommage à la mémoire de l'abbé de l'Epée : « Honorables collègues, disait M. Wagner, *l'in-*
» *vention de l'art d'instruire les sourds-muets est une*
» *admirable et glorieuse invention*. C'est en France qu'elle
» est sortie subite et complète de l'esprit d'un homme,
» comme Minerve de la tête de Jupiter. »

Nous sommes heureux que les dernières lignes de ce travail rappellent l'expression des sentiments de justice qui, en 1847, animaient nos confrères en Allemagne.

TABLE.

PREMIÈRE PARTIE.

	Pages
Introduction.	5
Le sourd-muet. — Son éducation.	7
Le livre de l'abbé de l'Épée.	11
Contempteurs et apologistes de l'abbé de l'Épée	43
Procédés d'instruction en Allemagne (conférence de Pforzheim et congrès de Dresde)	57
La conférence de Dresde. — Les instituteurs allemands. — l'École de Paris	66
Des méthodes en général. — De l'intuition. — Méthodes intuitives	70
Méthode allemande. — La parole	74
Méthode française. — Le langage des signes	87
L'académie nationale de médecine. — Causes de surdi-mutisme. — La surdi-mutité est-elle guérissable ?	96
Le bon maître	108
Résumé.	112

DEUXIÈME PARTIE.

Compte-rendu *(in extenso)* des séances du congrès de Dresde (août 1875)	3
Conférences d'Esslingen et de Pforzheim.	41

Boucquin, imp., rue de la Sainte-Chapelle, 5. — Paris.

www.ingramcontent.com/pod-product-compliance
Ingram Content Group UK Ltd.
Pitfield, Milton Keynes, MK11 3LW, UK
UKHW020332230726
13925UKWH00002B/755